ADOLPHE JOANNE

GÉOGRAPHIE

D'EURE-ET-LOIR

17 gravures et une carte

HACHETTE ET Cie

GÉOGRAPHIE

DU DÉPARTEMENT

D'EURE-ET-LOIR

AVEC UNE CARTE COLORIÉE ET 17 GRAVURES

PAR

ADOLPHE JOANNE

AUTEUR DU DICTIONNAIRE GÉOGRAPHIQUE ET DE L'ITINÉRAIRE
GÉNÉRAL DE LA FRANCE

QUATRIÈME ÉDITION

PARIS

LIBRAIRIE HACHETTE ET Cie

79, BOULEVARD SAINT-GERMAIN, 79

1893

Droits de traduction et de reproduction réservés.

TABLE DES MATIÈRES

DÉPARTEMENT D'EURE-ET-LOIR

I	1	Nom, formation, situation, limites, superficie.	3
II	2	Physionomie générale.	5
III	3	Cours d'eau.	7
IV	4	Climat.	14
V	5	Curiosités naturelles.	15
VI	6	Histoire.	16
VII	7	Personnages célèbres.	33
VIII	8	Population, langue, culte, instruction publique.	35
IX	9	Divisions administratives.	37
X	10	Agriculture, productions.	40
XI	11	Industrie.	41
XII	12	Commerce, chemins de fer, routes.	43
XIII	13	Dictionnaire des communes.	45

LISTE DES GRAVURES

1	Aqueduc de Maintenon	9
2	Chartres.	19
3	Cathédrale de Chartres.	25
4	Porte du château de Sorel.	28
5	Château de Maintenon du côté du parc	29
6	Châteaudun	31
7	Carrières d'Épernon.	43
8	Portail ouest de la cathédrale de Chartres	45
9	Pourtour du chœur de la cathédrale de Chartres.	49
10	Porte Guillaume, à Chartres	51
11	Château de Châteaudun.	53
12	Chapelle royale de Dreux.	55
13	Épaule de Gallardon.	59
14	Rue Saint-Laurent, à Nogent-le-Rotrou.	62
15	Château de Nogent-le-Rotrou.	63
16	Tombeau de Sully, à l'Hôtel-Dieu de Nogent-le-Rotrou.	65
17	Château de Villebon.	67

11963. — Imprimerie A. Lahure, rue de Fleurus, 9, à Paris.

DÉPARTEMENT
D'EURE-ET-LOIR

I. — Nom, formation, situation, limites, superficie.

Le département d'Eure-et-Loir doit son *nom* à ses deux rivières principales: l'Eure, affluent de la Seine qui baigne Chartres; et le Loir, cours d'eau du bassin de la Loire qui coule au pied de la colline de Châteaudun.

Il a été *formé*, en 1790, aux dépens de deux des provinces dont se composait alors la France, l'Orléanais et la Normandie : à l'**Orléanais**, qui comptait environ 2 millions d'hectares, il a pris un peu moins de 450 000 hectares, et à la **Normandie**, qui avait plus de 3 millions d'hectares, un peu moins de 140 000. Eure-et-Loir doit donc les trois quarts de sa surface à l'Orléanais, qui lui a fourni la BEAUCE et le DUNOIS, et l'autre quart à la Normandie, qui lui a fourni tout ou partie du PERCHE, du DROUAIS, du THIMERAIS.

Il est *situé* dans la région nord-ouest de la France, à l'ouest et au sud-ouest de Paris, dont il est séparé par le département de Seine-et-Oise : son chef-lieu, Chartres, n'est qu'à 88 kilomètres de la capitale par le chemin de fer, à 75 seulement à vol d'oiseau. Un seul département, le Loiret (ou bien Loir-et-Cher), le sépare du Cher, qui occupe à peu près le centre de la France; un seul également, l'Eure, le sépare de la baie de la Seine, qui s'ouvre sur la Manche; trois, la Sarthe, Maine-et-Loire et la Loire-Inférieure (ou la Vendée), le séparent de l'océan Atlantique; sept enfin le séparent de la mer Méditerranée, le Loiret, le Cher, l'Allier, le Puy-de-Dôme, le Cantal, l'Aveyron, l'Hérault. Il est traversé, du nord au sud, tout près et à l'ouest de Dreux, tout près également et à l'est de Châteaudun, par le 1er degré de longitude O. du méridien de Paris. Dans le sens contraire, c'est-à-dire de l'est à l'ouest, il est coupé, dans sa partie tout à fait méridionale, près de Cloyes, par le 48e degré de latitude N., tandis que, dans sa partie septentrionale, il s'approche du 49e degré sans l'atteindre. Il est donc un peu plus près du Pôle que de l'Équateur, séparés l'un de l'autre par 90 degrés ou par un quart de cercle. Chartres est à peu près sous la même latitude que Brest, Saint-Brieuc, Dinan, Alençon, Étampes, Fontainebleau, Neufchâteau-sur-Meuse, etc.; à peu près sous la même longitude que Boulogne-sur-Mer, Neufchâtel-en-Bray, les Andelys, Blois, Limoges, Brive-la-Gaillarde, Gourdon, Cahors, Montauban, Toulouse et Foix.

Eure-et-Loir est *borné* : au nord, par le département de l'Eure; à l'est, par le département de Seine-et-Oise; au sud-est, par celui du Loiret; au sud et au sud-ouest, par celui de Loir-et-Cher; à l'ouest, par celui de la Sarthe (sur un très petit espace) et celui de l'Orne. Au nord, deux rivières importantes, l'Eure et son affluent l'Avre, lui servent, sur d'assez longs espaces, de limite avec le département de l'Eure; mais presque partout ailleurs, sauf çà et là quelque ruisseau, ses frontières sont conventionnelles, tirées comme au hasard en rase campagne, sans aucun souci des obstacles naturels, tels que rivières, ruisseaux, vallons ou collines.

Sa *superficie* est de 595 800 hectares : sous ce rapport, c'est le cinquante et unième département de la France; en d'autres termes, trente-six seulement sont plus petits. Sa *longueur*, du nord au sud (sous le méridien de Chartres ou à peu près), est de 110 à 112 kilomètres. Sa *largeur* varie : elle est d'une douzaine de kilomètres sous le parallèle d'Anet, d'un peu plus de 40 sous celui de Dreux, de près de 70 sous celui de Chartres, de plus de 90 sous celui de Nogent-le-Rotrou. Son *pourtour*, en ne tenant pas compte d'une foule de sinuosités secondaires, peut être estimé par approximation à 450 kilomètres.

II. — Physionomie générale.

Le département d'Eure-et-Loir fait presque entièrement partie de la région géologique appelée *Bassin de Paris*. Il est formé de terrains tertiaires, grès, calcaires, sables de l'époque dite miocène. Il appartient pour la plus grande part à la très riche et très monotone région naturelle qu'on nomme la **Beauce**, région qui s'étend aussi sur quatre autres départements, sur Indre-et-Loire, sur Seine-et-Oise, et surtout sur le Loiret, et encore plus sur Loir-et-Cher. A grandes lignes, elle va de l'Essonne à la Brenne ou rivière de Châteaurenault, de l'Eure et du Loir à la Loire. Du clocher de Chartres, de Châteaudun, des hauteurs de Vendôme, de Blois, d'Orléans, de Pithiviers, d'Étampes, on voit également se perdre à l'horizon son plateau sans collines, sans halliers, sans rivières. « O Beauce, triste sol, que te manque-t-il ? disait le poëte gallo-romain Venantius Fortunatus. Six choses : des fontaines, des prés, des bois, des rocs, des vergers, des vignes. » Et cependant la Beauce avait sans doute encore des forêts profondes, et des sources en plus grande abondance. En détruisant leurs bois, les Beaucerons ont vu tarir plusieurs ruisseaux ; d'autres, dont la source s'est déplacée, jaillissent aujourd'hui plus bas dans la vallée : le Loir, par exemple, commence à 8 kilomètres en aval de l'étang, sec aujourd'hui, d'où il sortait jadis.

Un sol très perméable, presque entièrement plat, des champs de céréales, des prairies artificielles, point de prairies naturelles si ce n'est sur les bords de l'Eure, de la Voise et du Loir, point d'arbres, point de ruisseaux, pas de sources, des routes droites, sans ombrage, unissant de grands villages où sont groupés presque tous les habitants, peu ou pas de maisons de campagne, des fermes, quelques usines isolées sur les rives des cours d'eau, tel est ce pays fécond en blé.

L'altitude de la Beauce chartraine est généralement comprise entre 130 et 150 mètres (154 à Chartres).

Au nord du cours de l'Eure, en se dirigeant vers la Blaise, puis vers l'Avre, on rencontre le pays de **Thimerais**, analogue à la Beauce, mais plus agréable, moins plat, plus arrosé, beaucoup plus boisé : il a même deux grandes forêts, l'une et l'autre voisines du département de l'Orne, sur la rive gauche et à peu de distance des sources de l'Eure, la *forêt de Senonches* et la *forêt de la Ferté-Vidame*. Une autre vaste forêt, la *forêt de Dreux*, s'étend sur la rive droite de l'Eure, du confluent de la Blaise au cours de la Vesgre, près d'Anet.

Si la Beauce mérite le nom de PLAT-PAYS ou de BASSE-TERRE, les collines de l'ouest du département (portion méridionale), dans l'arrondissement de Nogent-le-Rotrou, ont mérité celui de HAUTE-TERRE. Elles forment, en effet, un contraste frappant avec les plaines à blé du pays de Chartres : non-seulement elles sont boisées, et, grâce à leur sol peu perméable, baignées par de nombreux ruisseaux (sans parler des étangs), mais encore chaque route, chaque propriété est bordée d'une haute et épaisse haie dont la forte végétation donne une coupe réglée. Ces coteaux appartiennent au **Perche**, région accidentée, fraîche, verdoyante, pittoresque, dont deux autres départements, celui de la Sarthe et surtout celui de l'Orne, font aussi partie.

C'est dans le Perche que s'élève le sommet culminant du département d'Eure-et-Loir, la **colline de Vichères** ou coteau de Rougemont, à 1800 mètres au nord-est de Vichères, à 5 ou 6 kilomètres au sud-ouest de Thiron-Gardais, à 3 kilomètres au nord-ouest de Beaumont-les-Autels, entre deux ruisseaux du bassin de l'Huisne. Sa hauteur est de 285 mètres. Le point le plus bas d'Eure-et-Loir, l'endroit où le quitte définitivement la rivière d'Eure, se trouvant à 48 mètres environ au-dessus des mers, la pente totale du territoire est d'à peu près 237 mètres.

III. — Cours d'eau.

Deux bassins, celui de la Seine et celui de la Loire, se partagent par moitié le département d'Eure-et-Loir. Toutefois, celui de la Seine est un peu plus vaste.

La **Seine** ne touche point Eure-et-Loir ; le lieu où elle s'en rapproche le plus, Rosny, en aval de Mantes, en est encore éloigné d'environ 11 kilomètres en ligne droite. Ce fleuve, long de 776 kilomètres dans un bassin de 7 730 000 hectares, reçoit, dans son cours moyen et dans son cours inférieur, un si grand nombre de sources et de rivières qu'il roule en moyenne 694 mètres cubes, autrement dit 694 000 litres d'eau par seconde. La Seine naît à 471 mètres au-dessus des mers, dans le département de la Côte-d'Or, coule vers le nord-ouest à travers la Côte-d'Or, l'Aube (et un peu la Marne), Seine-et-Marne, la Seine, Seine-et-Oise, l'Eure et la Seine-Inférieure, et se perd dans la Manche par un estuaire qui a 10 kilomètres de largeur. Elle baigne Châtillon, Bar, Troyes, Nogent, Melun, Paris, Saint-Denis, Saint-Germain-en-Laye, Mantes, les Andelys, Elbeuf, Rouen. Le Havre, second port de la France, occupe l'embouchure de l'estuaire, sur la rive droite.

C'est par l'**Eure** que le territoire d'Eure-et-Loir envoie la moitié de ses eaux à la Seine. L'Eure, qui a environ 225 kilomètres de cours dans un bassin de 550 000 à 600 000 hectares, porte en été à la Seine environ 10 mètres cubes ou 10 000 litres d'eau par seconde. Ses sources viennent du Perche, dans le département de l'Orne : elle se forme par l'union de deux ruisseaux, déversoirs de six grands étangs dont l'un est à 234 mètres d'altitude. Après quelques kilomètres de cours, elle entre dans le département d'Eure-et-Loir. D'abord ruisseau étroit et sans abondance, elle côtoie la forêt de Senonches et coule vers le sud-est, comme pour aller se jeter dans la Loire aux environs d'Orléans ; elle passe au Boizard, où Vauban construisit, en 1688, la digue immense qui devait refouler la rivière en amont jusqu'à Belhomert et former ainsi un réservoir inépuisable d'où devait partir l'aqueduc de Maintenon, destiné à conduire les eaux de l'Eure dans les jardins du château de Versailles ; puis elle baigne Pontgouin et Courville.

A Thivars et à Ver, elle tourne au nord, direction qu'elle garde jusqu'à son embouchure dans la Seine, avec divers détours qui la portent quelque peu vers le nord-nord-ouest. Elle passe à Chartres, à Saint-Prest, à Jouy, devant Maintenon, où elle coule sous le fameux pont-aqueduc bâti sous Louis XIV pour porter le canal de Versailles au-dessus de la vallée ; puis, elle arrose les prairies de Nogent-le-Roi, de Villemeux, laisse Dreux à 3 kilomètres de sa rive gauche et se double ou à peu près par la jonction successive de la Blaise et de l'Avre. Au confluent de cette dernière rivière, elle cesse d'appartenir en entier à Eure-et-Loir, qu'elle baigne seulement par sa rive droite, la rive gauche appartenant au département de l'Eure. Elle sépare ainsi ces deux départements pendant un peu plus de 20 kilomètres, côtoie la forêt de Dreux, puis passe près d'Anet. A 3 ou 4 kilomètres en aval du confluent de la Vesgre, elle quitte définitivement Eure-et-Loir pour le territoire du département auquel elle a donné son nom : là, elle reçoit l'Iton ou rivière d'Évreux, traverse Louviers, ville d'industrie, et tombe dans la Seine (rive gauche) en amont de Pont-de-l'Arche, en aval de Poses, point extrême où la marée se fait sentir dans le fleuve, d'ailleurs très faiblement. L'Eure n'est navigable, ou censée telle, qu'à partir du confluent de l'Avre, c'est-à-dire du point où elle quitte Eure-et-Loir par sa rive droite ; et, de fait, la navigation ne commence guère qu'à Louviers, et encore n'y a-t-elle aucune importance.

Sur le territoire d'Eure-et-Loir, l'Eure, dans sa vallée creusée au sein d'un plateau sans rivières, reçoit peu de ruisseaux ; elle s'accroît surtout par les fontaines de ses rives et les sources de fond par lesquelles reparaissent les eaux qui coulent souterrainement sous le plateau, si sec en apparence de la Beauce. Parmi ses affluents, cinq seulement méritent une mention : la Voise, la Drouette, la Blaise, l'Avre, la Vesgre.

La *Voise*, tributaire de droite, appartient surtout à la Beauce : elle naît dans le village de Voise, coule vers le nord, puis vers le nord-ouest, reçoit l'*Aunay*, venu d'Aunay et d'Auneau, baigne le vallon de Gallardon où deux ruisseaux la grossissent, la *Remarde* et l'*Ocre*. Elle s'unit à l'Eure dans le

Aqueduc de Maintenon.

parc du château de Maintenon, après un cours d'environ 35 kilomètres.

La *Drouette* ou *Droue*, affluent de droite ayant la même longueur que la Voise ou à peu près, a ses sources dans la forêt de Rambouillet. Elle arrose Épernon, où tombe la *Guesle*, et se perd dans l'Eure à 3 kilomètres en amont de Nogent-le-Roi.

La **Blaise** est un affluent de gauche qui roule à l'étiage, c'est-à-dire à la suite des longues sécheresses, 611 litres par seconde, l'Eure en débitant alors 2105 et étant par conséquent trois à quatre fois plus abondante. Née dans la forêt de Senonches, la Blaise coule vers le nord-est sans traverser d'autre ville que Dreux, où elle reçoit l'*Abîme*, source considérable dont le débit d'étiage est de 209 litres. En amont et surtout en aval de Dreux, elle est divisée en une multitude de canaux pour l'irrigation des prairies. Elle fait mouvoir un grand nombre d'usines dans son cours de 50 kilomètres.

L'**Avre**, affluent de gauche, amène à l'Eure, en temps d'étiage, 2638 litres d'eau par seconde, c'est-à-dire presque autant que l'Eure elle-même augmentée de la Blaise (2716 litres). C'est une rivière froide et pure, qui fait mouvoir un grand nombre d'usines et qui arrose de belles prairies par une infinité de canaux. Elle commence dans l'Orne, au sein du Perche, dans de vastes bois nommés forêt du Perche, forme plusieurs étangs, et passe dans le département de l'Eure, où elle se perd sous terre en été pendant plusieurs kilomètres pour rejaillir dans la banlieue de Verneuil. En temps de pluie, il n'y a pas d'interruption de cours. A Verneuil, elle reçoit le *Bras-Forcé*, canal tiré d'une rivière qui passe à quelques kilomètres au nord de l'Iton ; puis de nombreuses fontaines et des sources de fond l'augmentent, car jusqu'à Verneuil ce n'est guère qu'un ruisseau presque entièrement à sec dans la saison des chaleurs. Dans Eure-et-Loir, dont elle ne dépend guère que par la rive droite, la rive gauche appartenant à l'Eure, elle baigne Saint-Lubin-des-Joncherets, faubourg de Nonancourt (Eure), et Saint-Remy. Le seul affluent de quelque longueur dont elle y recueille les eaux, est la *Meuvette* ou *Mouvette* (35 kilomètres), qui provient de la forêt de la Ferté-Vidame et se grossit de la *Gervenne* à Brezolles. Le cours de l'Avre est de 80 kilomètres.

La *Vesgre*, affluent de droite, long de 45 à 48 kilomètres, sort de la forêt de Rambouillet (Seine-et-Oise) ; elle entre dans Eure-et-Loir en aval d'Houdan, côtoie un instant la forêt de Dreux, passe tout près d'Anet et se jette par deux bras dans l'Eure : l'un à Oulins, l'autre en face du célèbre bourg d'Ivry-la-Bataille.

De même que la Seine, la **Loire** ne touche point le département d'Eure-et-Loir ; le lieu où elle s'en rapproche le plus, Orléans, en est encore éloigné d'une vingtaine de kilomètres. Ce fleuve, d'un peu plus de 1000 kilomètres de longueur dans un bassin de 11 500 000 hectares, apporte en moyenne à l'Océan un volume de 985 mètres cubes d'eau par seconde.

La Loire naît à 1375 mètres d'altitude, dans les monts de l'Ardèche. Son cours, dirigé d'abord vers le nord, puis vers le nord-ouest, tourne au sud-ouest à Orléans, puis à l'ouest jusqu'à la mer. Elle traverse ou longe douze départements : Ardèche, Haute-Loire, Loire, Saône-et-Loire, Allier, Nièvre, Cher, Loiret, Loir-et-Cher, Indre-et-Loire, Maine-et-Loire, Loire-Inférieure ; elle passe près du Puy-en-Velay (à gauche), laisse à quelque distance à droite la grande ville de Saint-Étienne, arrose Roanne, Nevers, Orléans, Blois, Tours, Saumur, coule à quelques kilomètres au sud d'Angers, puis traverse Nantes. Fameuse par ses débordements, que des digues essaient en vain de conjurer, elle s'évase en estuaire, prend une largeur de 4 kilomètres, et s'engloutit dans l'Atlantique à Saint-Nazaire. Ses plus grands affluents sont l'Allier (410 kilomètres), la Vienne (372 kilomètres) et la Maine.

La MAINE, dont le bassin est de 2 millions d'hectares, se forme à 3 kilomètres au-dessus d'Angers, par l'union de la Mayenne (200 kilomètres) et de la Sarthe (275 kilomètres), augmentée du Loir. Elle baigne Angers, et roulant, suivant la saison, de 25 à 1500 mètres cubes d'eau par seconde, se perd dans la Loire (rive droite) après un cours de 13 kil.

C'est par la SARTHE qu'elle reçoit les eaux d'Eure-et-Loir qui se dirigent vers la Loire. La Sarthe, qui arrose le Mans, ne touche point Eure-et-Loir, mais ses deux grands affluents, l'Huisne et le Loir, y ont une partie de leur cours.

L'**Huisne**, charmante et sinueuse, est en été la rivière la plus abondante de tout le bassin de la Maine : bien plus forte alors que la Sarthe, elle lui verse 6700 litres d'eau par seconde, celle-ci n'en roulant que 1850. Sur un cours d'environ 130 kilomètres, elle n'en a guère que 10 dans Eure-et-Loir (ou lui servant de limite), le reste appartenant à l'Orne, où elle a ses sources et son cours supérieur, et à la Sarthe, où elle s'unit, en aval du Mans, à la rivière de ce nom. Elle y baigne Nogent-le-Rotrou et y recueille plusieurs ruisseaux, tous par la rive gauche : la *Cloche*, l'*Arcisse* et la *Rhône*. L'Arcisse, dont le lit a été creusé de main d'homme et dont le cours a été détourné sur une longueur de plusieurs kilomètres, aboutit, comme la Rhône, à Nogent-le-Rotrou, où il fait tourner trois moulins superposés avant de se jeter dans l'Huisne. A sa sortie du département, l'Huisne reçoit, à droite, l'Erre; mais cette rivière appartient au département de l'Orne.

Le **Loir** a 310 kilomètres de cours, et il apporte à la Sarthe, plus courte que lui de 35 à 40 kilomètres, de 4 à 400 mètres cubes par seconde, suivant qu'il est à l'étiage ou en grande crue. Autrefois sa source était voisine du fameux château de Villebon; elle jaillissait à 6 kilomètres à peine de la rive droite de l'Eure à Courville; mais, pour des causes difficiles à apprécier, l'origine de la rivière est maintenant à 8 kilomètres en aval, près de Saint-Éman. A 3 kilomètres de là, le Loir baigne la ville d'Illiers, puis il passe devant Bonneval, et, devenant fort sinueux, coule devant Marboué, rase la colline de Châteaudun, arrose Cloyes et quitte Eure-et-Loir pour Loir-et-Cher en aval du confluent de l'Aigre, après un cours d'environ 75 kilomètres. Sa source étant à 160 mètres environ au-dessus des mers, il en résulte que, sur le territoire d'Eure-et-Loir, sa pente est de 70 mètres pour 75 kilomètres, soit en moyenne d'un peu moins d'un mètre sur mille. A sa sortie du département, c'est une rivière pure, fraîche, mais peu abondante : au moulin de Batterau, en amont du confluent de l'Yères, entre Châteaudun et Cloyes, son étiage n'est que de 673 litres par seconde.

Les affluents du Loir dans Eure-et-Loir sont la Thironne, le Foussard ou la Foussarde, l'Ozanne, la Conie, l'Yerre, le Droué, l'Aigre, tous sur la rive droite, sauf la Conie et l'Aigre.

La *Thironne*, venue du Perche, de Thiron-Gardais, a 25 kilomètres de cours; elle s'unit au Loir à 1200 ou 1500 mètres en aval d'Illiers : en ce point, le Loir n'a guère parcouru que 6 ou 7 kilomètres depuis sa source nouvelle.

La *Foussarde*, également issue du Perche, entre Thiron-Gardais et Beaumont-les-Autels, a son embouchure à 4 kilomètres en aval du confluent de la Thironne. Cours, 32 kilomètres.

L'*Ozanne* se forme aussi dans le Perche, dans le massif de collines d'Authon. Longue de 50 kilomètres, elle reçoit la *Suzanne*, l'*Ozanne de Dampierre*, et, devenue sinueuse, arrose Brou et Dangeau. Elle atteint le Loir dans la banlieue de Bonneval, en amont de cette petite ville.

La *Conie* est une rivière de la Beauce, un ruisseau plutôt, car elle est très faible et ne verse en moyenne au Loir que 357 litres d'eau par seconde. Bien plus courte qu'autrefois, par suite de la dessiccation du plateau, elle a une quarantaine de kilomètres de longueur. Née au nord-nord-est d'Orgères, elle passe à 1 kilomètre de cette ville beauceronne, et reçoit la *Conie de Varize*, appelée aussi *Conie Palue* (ce qui veut dire Conie marécageuse), longue d'environ 24 kilomètres et qui a son origine dans le département du Loiret, à 2000 mètres de Patay. Près de la réunion de ces deux Conies, se trouve la *Goure de Spoy* : on nomme ainsi une espèce de bassin, profond d'environ 8 à 10 mètres, où il semble que les eaux d'amont des deux vallées, eaux visibles comme eaux souterraines, se rassemblent en une sorte de réservoir qui peut être considéré comme la source de la Conie inférieure. L'embouchure de la Conie est à 1 kilomètre en amont de Marboué, près d'un pont où le chemin de fer de Paris à Tours par Vendôme franchit pour la deuxième fois le Loir. Le cours de la Conie est on ne peut plus irrégulier ; une grande partie ne présente qu'un vaste marécage couvert de roseaux (la rouche du pays), et des fondrières dont le nombre et la profondeur sont inconnus. Le lit de cette rivière en amont de Nottonville n'est sensible à l'œil que lorsque ces fondrières regorgent.

L'*Yères* ou *Yerre* commence dans le Perche, au sein de la forêt de Montmirail ; son cours dépasse un peu 50 kilomètres ; elle baigne trois bourgades, la Bazoche-Gouet, Arrou, Courtalain, et s'achève à 4 kilomètres au-dessus de Cloyes.

Le *Droué*, faible ruisseau qui passe à Droué (Loir-et-Cher), a 4 kilomètres à peine en Eure-et-Loir. Il a son embouchure dans la banlieue de Cloyes.

L'*Aigre*, ruisseau beauceron, vient aussi de Loir-et-Cher. Il baigne la Ferté-Villeneuil et se termine au pont sur lequel le chemin de fer de Paris à Tours par Vendôme franchit le Loir pour la troisième fois.

La *Braye*, important affluent du Loir, a ses sources dans Eure-et-Loir, à 4 kilomètres ouest-ouest-nord d'Authon. Elle sort d'un petit étang du Perche, près de Saint-Bomert, et passe presque aussitôt dans la Sarthe. Son cours est d'environ 75 kilomètres.

IV. — Climat.

Quatre causes principales assurent à Eure-et-Loir un climat tempéré : sa situation sous des latitudes presque aussi rapprochées de l'Équateur que du Pôle, le voisinage de la mer, le peu d'élévation du sol, la nature des terrains.

Plus un pays est voisin de l'Équateur, ou plus il est éloigné du Pôle, plus le climat y est doux et chaud. Or, le département d'Eure-et-Loir est coupé par le 48e degré de latitude : il est donc presqu'à la même distance du Pôle et de l'Équateur. Étant à 48 degrés de l'Équateur, il se trouve à 42 du Pôle. Par sa situation, il appartient donc à la *zone tempérée*, ou plus exactement à la *zone tempérée fraîche*, car on distingue généralement deux zones tempérées : la chaude et la fraîche, qui, plus au nord, devient la froide.

Plus un pays est voisin de la mer, qui adoucit et égalise les températures, plus le climat y est doux, exempt de changements brusques, plus il est tiède en hiver, frais en été. Eure-et-Loir, très voisin de la Manche, n'en est séparé par aucune chaîne de montagnes ; il en reçoit directement les vents : il jouit donc d'un climat tout maritime.

Plus une contrée est élevée au-dessus du niveau des mers, plus son *altitude* est grande, plus l'été y est chaud, plus l'hiver y est dur, désagréable, plus les changements de température y sont fréquents, inattendus, extrêmes, et, en somme, plus la moyenne de l'année y est froide. Le département d'Eure-et-Loir étant fort peu élevé, son altitude ne lui fait pas perdre les avantages de sa latitude tempérée et de son peu d'éloignement de la mer.

Enfin, il est des terrains qu'on appelle *froids*, parce que leurs roches compactes, imperméables, empêchent l'eau de filtrer sous le sol; elles la retiennent à la surface de la terre, ce qui donne naissance à des étangs, à des marécages, à des brumes, qui rafraîchissent le sol et refroidissent l'air. Or, Eure-et-Loir appartient justement presque en entier aux terres qu'on nomme *chaudes*, aux sols légers, perméables.

Le climat d'Eure-et-Loir est le climat parisien ou séquanien. La température moyenne annuelle de Chartres est à peu près la même que celle de Paris, soit 10° 6/10.

Ce climat, fort sain dans les collines du Perche, l'est moins dans certaines parties de la Beauce, dans le voisinage de la Conie, où règnent souvent, en automne, des fièvres intermittentes, attribuées à la stagnation des eaux dans les villages et dans les métairies.

Si toute l'eau tombée du ciel pendant l'année restait sur le sol sans être absorbée par la terre ou vaporisée par le soleil, elle formerait en douze mois, à Chartres, en 139 jours de pluies, une nappe de 540 millimètres de profondeur. Or, la moyenne de la France est d'au moins 770 millimètres.

V. — **Curiosités naturelles.**

Eure-et-Loir est un des rares départements de la France privé de curiosités naturelles. Il est trop plat, en dehors des collines du Perche; et celles-ci, peu élevées au-dessus du plateau, n'ont rien de grandiose.

Dans ces collines, il y a des sites agrestes; il y a des sites gracieux dans les vallées du Loir, de l'Huisne, de l'Eure, de l'Avre, de la Blaise et dans les vallons du Perche, et de vastes horizons, d'ailleurs sans beauté, de la plupart des lieux culminants de la Beauce. — A Nogent-le-Rotrou l'Arcisse forme la chute des Trois-Moulins.

VI. — Histoire.

Parmi les peuplades gauloises, l'une des plus célèbres fut celle des *Carnutes*, qui occupaient le pays entre l'Eure et le Loir, s'étendirent jusqu'à la Loire et laissèrent leur nom au pays chartrain. Ce pays, aujourd'hui si nu, était alors couvert de forêts remarquables par leurs chênes-rouvres (*robur*), arbres druidiques par excellence. Des Carnutes dépendaient les *Durocasses*, petit peuple dont Dreux était la capitale.

Fiers et braves, les Carnutes avaient, parmi les Gaulois, les premiers repoussé la domination romaine; ils furent des derniers à l'accepter. César lui-même nous raconte qu'un homme, nommé Tasgétius, dont les aïeux avaient régné sur le pays, avait réclamé l'appui du proconsul romain pour dominer ses concitoyens. Les Carnutes le tuèrent. Ils se joignirent ensuite aux Sénons révoltés, aux Trévires et à leur chef Indutiomare, à Ambiorix, le chef du pays de Liège, et entrèrent, en 54 avant J.-C., dans la première ligue sérieuse formée contre le conquérant. Obligés de plier devant les forces romaines, ils attendirent une occasion meilleure, et, dans l'hiver de l'année 53 avant J.-C., ils tinrent des assemblées secrètes au fond de leurs forêts. Du reste, le territoire des Carnutes, selon l'expression de César, passait pour être situé au centre de la Gaule, et c'était là que se tenaient les grandes réunions religieuses des Druides. Là se rendaient tous ceux qui avaient des différends à vider, là étaient publiées les décisions et les sentences des prêtres. Là aussi retentirent les appels à la liberté et s'échangèrent, sur les étendards, les serments, que firent les députés des peuples, de combattre pour défendre l'indépendance et la renommée militaire des Gaulois. Les Carnutes, qui avaient provoqué ce serment solennel, le tinrent jusqu'au bout.

Au jour dit, et quand le signal fut donné, les Carnutes, commandés par deux hommes énergiques, dirigés surtout par *Cotuat*, se portèrent en masse contre *Genabum* (Orléans), une de leurs villes. Les citoyens romains qui s'étaient établis dans cette cité pour faire le commerce furent tués, et leurs biens pillés. Le bruit de cet événement se répandit aussitôt dans toute la Gaule. Vercingétorix souleva les Arvernes, entraîna tous les autres peuples et commença la fameuse campagne qui dura une année entière et qui témoigna de l'énergie des Gaulois. Les Carnutes, même après que César eut repris *Genabum*, même après les pertes des premiers combats, fournirent un contingent de douze mille hommes à l'armée gauloise. Cette armée ne put sauver ni Alise, ni Vercingétorix. En cette extrémité même, les Carnutes ne désespérèrent point; mais César dirigea contre eux tous ses efforts. A l'approche des légions, les Carnutes effrayés abandonnèrent les bourgs et les refuges où ils avaient élevé à la hâte de chétives cabanes, car, depuis leurs dernières défaites, ils avaient pour la plupart déserté leurs villes. César envoya ses soldats à la poursuite des fugitifs. Traqués de toute part, réduits à la dernière extrémité par les rigueurs de l'hiver, les Carnutes, qui n'osaient pas s'arrêter longtemps dans le même endroit et ne pouvaient trouver d'asile dans les forêts battues par des ouragans impétueux, disparurent pour se réfugier chez les peuples voisins.

Ils revinrent cependant pour appuyer la révolte de Damnacus, chef des Andes (peuple de l'Anjou), et prendre part avec lui aux derniers combats. Damnacus fut vaincu. Les Romains accablèrent alors les Carnutes, et ceux-ci « qui, souvent battus, n'avaient jamais fait aucune proposition de paix[1], » donnèrent enfin des otages et se soumirent.

Durant la période romaine, le pays fut défriché, les villes

---

1. *Commentaires de César*. livre VII.

s'ornèrent de temples, de monuments de toute sorte dont l'archéologie moderne s'efforce de réunir tous les débris. Le culte sanglant des Druides, proscrit par les Romains, ne subsista plus qu'au fond de quelques forêts, et les Carnutes cessèrent d'être un des principaux peuples de la Gaule sans toutefois perdre, dans la vaste unité dont ils faisaient partie, leur caractère vaillant et leur activité. L'antique cité des Carnutes fut rangée par Auguste dans la province Lyonnaise. Deux siècles plus tard (253 après J.-C.), le territoire de Chartres fit partie de la quatrième subdivision de la Lyonnaise, et la ville fut placée sous la dépendance de la métropole de Sens.

C'est ce qui explique comment le Christianisme fut prêché à Chartres par des missionnaires venus de Sens et envoyés par saint Savinien et saint Potentien, apôtres de cette ville. Parmi eux, on citait saint Altin et saint Eodald. Les chefs de l'Église suivaient pour diriger leurs prédications la division administrative des Romains, et, plus tard, les diocèses furent constitués selon le cadre tout prêt de ces divisions. Ainsi la ville de Chartres, qui occupait le premier rang après Sens parmi les villes de la quatrième Lyonnaise, occupa, après le triomphe du Christianisme, le premier rang parmi les évêchés suffragants de l'archevêché de Sens. Du reste, le diocèse de Chartres était fort vaste : il comprenait presque toute la Beauce, une partie du Perche, les pays de Dreux, de Madrie, de Pinserais, de Dunois, de Vendôme et de Blois.

Sous la domination des Francs, le pays chartrain fit partie de l'Orléanais et du royaume de Clodomir, l'un des fils de Clovis. Il eut à subir bien des ravages sous les fils de Clotaire, qui remanièrent sans cesse les partages du royaume. Le contre-coup de la rivalité de la Neustrie et de l'Austrasie se fit sentir jusqu'à Chartres, car Thierry, roi de Bourgogne et l'un des petits-fils de Brunehaut, poursuivant le roi de Neustrie Clotaire II, assiégea et prit cette ville, qui souffrit toutes les horreurs de la guerre (600 après J.-C.).

Sous la dynastie carlovingienne, le pays chartrain fut victime, comme les autres parties de la France, de l'anarchie que laissa se développer la faiblesse des descendants de Charlemagne. Les Normands, l'avidité des ducs et des comtes qui se rendaient indépendants dans leurs provinces, amenèrent une longue suite de troubles et de malheurs qui rendent néfaste le souvenir du neuvième et du dixième siècle. Malgré sa situation au centre du pays, Chartres n'échappa point aux

Chartres.

ravages des Normands, qui arrivèrent par la Loire et ses affluents, d'un côté, de l'autre par la Seine et l'Eure (855-858). Charles le Chauve se montra impuissant à repousser les pirates, mais il marqua son attachement pour Chartres en donnant à son église, dédiée à la Vierge, une relique (la sainte Chemise). Notre-Dame de Chartres devint le but de pèlerinages de plus en plus fréquents, en dépit des malheurs des temps ; ses richesses s'accrurent considérablement, et ses clercs, ses évêques s'illustrèrent par leur science. Le chapitre, avec ses dix-sept dignitaires et ses soixante-douze chanoines, devint une véritable puissance.

Le pays chartrain fit partie des domaines des premiers Capétiens. Il avait appartenu à Robert le Fort, puis à Eudes, roi en 887. Le fils d'Eudes, Robert, n'avait pu lui succéder, et il avait été obligé de laisser régner un descendant de Charlemagne, Charles le Simple. Mais il parvint à renverser le Carlovingien et devint roi en 922, pour peu de temps il est vrai. Il n'en avait pas moins, en ce peu de temps, décidé des destinées du pays chartrain. En effet, il abandonna à son beau-frère Thibault les comtés de Chartres et de Blois avec la vicomté de Châteaudun. Ce Thibault fut le père de Thibault le Tricheur, qu'on regarde comme le premier comte héréditaire de Chartres.

Ce seigneur, dont le surnom significatif indique la fourberie, joue un grand rôle dans les guerres féodales du dixième siècle. Il agrandit ses domaines aux dépens de ses voisins, et affermit son autorité, qui passa à ses descendants. Ceux-ci eurent souvent à se défendre contre les brigandages des vicomtes de Châteaudun, qui possédaient d'un côté de Chartres Gallardon, et de l'autre Illiers. En 1019, Eudes II, fils de Thibault le Tricheur, s'empara de la succession d'Etienne, comte de Champagne et de Brie, son grand-oncle. Il réunit ainsi sous sa domination de vastes provinces, et se glorifia des titres de comte de Champagne, de Chartres et de Blois.

Cette union de provinces pourtant si différentes dura deux siècles : souvent rompue par des partages de famille, elle se reformait sans cesse. Les comtes de Chartres, maîtres directs de la Champagne, disposant des ressources de ce pays par leur alliance avec ses chefs, comptèrent ainsi parmi les seigneurs les plus riches et les plus redoutables du centre de la France. On les trouve mêlés à toutes les guerres, à toutes les grandes entreprises. Étienne de Chartres prit part à la première croisade et se rendit en Orient dans l'armée de Godefroy de Bouillon (1096). Mais il revint au bout d'une année, avant la fin de l'expédition. Honteux de cette défection, il repartit en 1101 avec beaucoup d'autres seigneurs. Cette fois il ne revint plus, et périt en Palestine (1102).

Thibault IV, mis en possession des domaines paternels par sa mère Adèle, ne fut majeur qu'en 1108; il eut d'abord à soutenir une lutte contre un des seigneurs les plus farouches de l'Orléanais, Hugues, sire du Puiset, grand ravageur et que les auteurs du temps comparent à un loup dévorant. Mais bientôt devenu l'allié de ce redoutable brigand, il l'aida à braver la colère du roi Louis le Gros. Ce prince, justicier infatigable, prenant son titre au sérieux, voulait faire rentrer dans l'obéissance tous ces tyranneaux qui désolaient le pays. Aidé par les conseils de Suger, ce précurseur des grands ministres, il fit une guerre acharnée aux vassaux indociles et s'appliqua à assurer la sécurité des villes et des campagnes. Suger qui, en sa qualité d'abbé de Saint-Denis, était prévôt de Toury (terre appartenant à l'abbaye), s'intéressa particulièrement aux événements de ce pays et joua un rôle actif dans le siège fameux du château du Puiset. Pour réduire ce château, dont les tours menaçantes dominaient la plaine déjà dénudée de la Beauce, il fallut toutes les forces du roi de France et trois années de combats. Fait prisonnier, mais délivré, Hugues du Puiset, toujours appuyé par le comte de Chartres, recommença la lutte. Cette fois encore, il fut vaincu et bientôt obligé de s'exiler en Palestine (1116). Sous le règne de Louis VII, Suger, craignant que la forteresse du Puiset ne retombât entre les mains de quelque turbulent seigneur, fit entièrement démanteler cette forteresse, dont il ne reste aujourd'hui que des vestiges.

L'allié de Hugues, Thibault de Chartres, menacé jusque dans sa capitale, avait été obligé d'implorer le pardon de Louis VI. Ce fut sans doute pour le tenir en bride, autant que pour constituer un apanage à Robert, le quatrième de ses fils, que le roi érigea en comté le domaine de Dreux. Il créait ainsi une nouvelle seigneurie dont les titulaires devaient acquérir une grande renommée (1133).

Déjà un comte de Chartres était mort en Orient. Thibault V prit part à la troisième croisade, sous Philippe Auguste, et mourut en 1192 au siège de Ptolémaïs. Son fils Louis suivit ses parents et ses amis du comté de Champagne, à la quatrième croisade. Il assista à la prise de Constantinople (1204), et, après la victoire, fut gratifié du duché de Nicée et de Bithynie. Mais il n'en jouit pas, car il mourut presque aussitôt au siége d'Andrinople, où périrent avec lui plusieurs seigneurs chartrains.

L'union intermittente du comté de Chartres et de la Champagne finit décidément en 1218, à la mort de Thibault VI, qui ne laissait point d'enfants. Les biens passèrent aux collatéraux ; le comté de Chartres, le comté de Blois et la vicomté de Châteaudun furent séparés. Puis Thibault de Champagne, en 1234, abandonna au roi Louis IX sa suzeraineté sur les comtés de Chartres, de Blois et de Sancerre; ces pays firent ainsi retour au domaine royal, sans cesser toutefois d'avoir leurs seigneurs particuliers. Le comte de Chartres, Jean de Montmirail, plus connu sous le nom de Jean d'Oisy, prit part à la croisade d'Égypte. A cette époque, remarquable par le progrès des lettres et des arts, la cathédrale de Chartres, à peu près terminée, fut consacrée (1260) et donna un nouveau lustre à l'antique cité des Carnutes. En 1280, le comté de Chartres fut acquis, par le roi Philippe le Bel, de Jeanne, fille de Jean de Châtillon, dernier comte de Chartres. Le pays chartrain fut alors tout à fait incorporé au domaine royal.

La guerre de Cent-Ans, si désastreuse pour la France, étendit ses ravages jusque dans la Beauce. Après les défaites de Crécy et de Poitiers, le pays est livré presque sans défense aux ravages des Anglais. Le roi Jean est prisonnier à Londres. Le régent, Charles de Normandie, lutte contre les États généraux de 1356-1357 et contre la formidable insurrection de la Jacquerie. Il vient à peine d'en triompher que les Anglais recommencent leurs invasions (1359). Mais cette fois le régent

Cathédrale de Chartres.

Charles applique le système de guerre qui lui réussit si bien quand il fut roi sous le nom de Charles V. Les villes fermées opposent de toutes parts une résistance inattendue. L'armée anglaise, après avoir traversé la Champagne, entra dans l'Ile-de-France et se ruina elle-même en ruinant le pays, car les approvisionnements manquèrent bientôt. Elle arrive en Beauce et approche de Chartres. A ce moment, éparse dans les plaines dénudées de la Beauce, elle est surprise par un orage formidable accompagné de grêle. Édouard III lui-même est effrayé et fait vœu à Notre-Dame de Chartres de signer la paix s'il échappe à ce péril. Fidèle à sa parole, il engage les négociations, qui ont lieu à Brétigny, paroisse de Sours. Il se relâche des prétentions qu'il avait d'abord affichées et conclut enfin la paix dite de Brétigny, encore bien désastreuse pour la France (1560).

Quelques années plus tard, le roi Charles V vint à Chartres tenir une assemblée presque aussi solennelle que les États généraux pour prendre les mesures nécessitées par la situation du pays et le renouvellement prochain de la guerre contre les Anglais (1369).

En 1378, le comté de Dreux fut réuni, par voie d'achat, au domaine royal.

Après le règne de Charles V, la France retomba, sous Charles VI, dans des malheurs plus grands encore que ceux qu'elle avait subis sous le règne de Philippe de Valois et de Jean le Bon. La querelle des deux maisons de Bourgogne et d'Orléans, connue sous le nom de guerre des Armagnacs et des Bourguignons, divise le pays tout entier. En 1409, la cathédrale de Chartres fut le théâtre d'une cérémonie imposante, qui était un des actes les plus émouvants de ce grand drame. Les fils du duc d'Orléans, assassiné en 1407, furent contraints, en présence du roi Charles VI, de mettre leurs mains dans les mains du meurtrier de leur père, de Jean Sans-Peur; réconciliation obligée et qui ne pouvait être durable. Aussi la guerre recommença-t-elle en 1410. Le pays chartrain tomba, dès l'année 1417, sous la domination bourguignonne, et Chartres fut livré à Jean Sans-Peur par le gouverneur Jacqueville.

Quand Jean Sans-Peur eut été assassiné au pont de Montereau (1419), les Bourguignons s'unirent aux Anglais, et tous les pays où ils dominaient devinrent anglais. C'en était fait de la nationalité française lorsque Jeanne d'Arc réveilla le patriotisme dans tous les cœurs. La situation était critique. Les Anglais assiégeaient Orléans (1428-1429), et, si cette ville tombait en leur pouvoir, rien ne semblait plus devoir les empêcher de pénétrer dans le centre de la France. Une petite armée française, conduite par le comte de Clermont, cherche à surprendre un convoi de vivres que John Falstaff amenait aux Anglais. L'action s'engage près de Rouvray-Saint-Denis (canton de Janville); mais les Anglais, se faisant un rempart de leurs chariots, ne se laissèrent point entamer; ils ne perdirent guère que des barils de harengs, qui furent défoncés par les boulets, car on était en carême, et ces harengs constituaient le principal approvisionnement de l'armée. De là le nom de *bataille des harengs*, donné à cette journée par les Français, toujours prêts à rire, même de leurs malheurs (12 février 1429).

Mais bientôt Jeanne d'Arc entra dans Orléans, ranima la confiance des habitants et délivra la ville (8 mai). Elle poursuivit les Anglais, les battit à la journée de Patay, et fit sacrer à Reims le roi légitime Charles VII.

Les Anglais perdirent presque toutes leurs provinces. Chartres rappela les Français en 1432, et reçut dans ses murs un fils naturel du duc d'Orléans, en faveur duquel Charles d'Orléans, alors prisonnier en Angleterre, abandonna le comté de Châteaudun. C'était un vaillant chevalier qui, sous le nom de comte de Dunois, s'illustra dans toutes les guerres de Charles VII.

La paix d'Arras (1435) réconcilia Charles VII avec les Bourguignons, et les Anglais furent définitivement chassés de la France en 1453. La paix rendue à la Beauce ne fut plus troublée dès lors pendant deux siècles : l'agriculture, encouragée sous Louis XII, enrichit la contrée. Peu à peu les lourds châteaux disparaissaient, et des artistes italiens, des artistes français leurs élèves, remplaçaient les sombres demeures féodales par d'élégants édifices dont le château d'Anet devint un des modèles les plus parfaits: ce fut une des belles œuvres de Philibert Delorme, qui le construisit, par les ordres d'Henri II, pour la favorite Diane de Poitiers

Au seizième siècle, les guerres de religion troublèrent cette prospérité, et le pays chartrain devint le théâtre de la première des huit guerres civiles qui désolèrent la France de 1562 à 1598. Maîtres d'Orléans, les protestants, en 1562, voulurent d'abord se porter sur Paris, puis décidèrent de se diriger sur la Normandie pour joindre les secours envoyés par la reine d'Angleterre, Élisabeth. L'armée du prince de Condé traversa le pays chartrain, et, n'ayant pu entrer à Chartres, continua sa route du côté de Dreux. L'armée catholique s'avança à leur rencontre : elle était commandée par le duc François de Guise, le connétable de Montmorency et le maréchal de Saint-André, qui s'étaient unis et avaient formé ce qu'on appelait le *triumvirat*. La bataille de Dreux tourna à l'avantage des catholiques, surtout à celui du duc de Guise. En effet, Guise eut la satisfaction de faire prisonnier le chef de l'armée ennemie, le prince de Condé, et d'être délivré en même temps de ses deux alliés, le connétable, qui était tombé entre les mains des protestants, et le maréchal de Saint-André, tué dans l'action. Il ne voyait plus de rival, ni dans un camp ni dans l'autre, et, tandis que l'armée protestante, sous les ordres de Coligny, battait en retraite sur le Berry, il vint mettre le siège devant Orléans, mais il y périt, assassiné par Poltrot de Méré.

La deuxième guerre (1567) ne fut point plus heureuse pour les protestants, qui perdirent la bataille de Saint-Denis, et tentèrent vainement le siège de Chartres. Le théâtre des hostilités s'éloigna dans les guerres suivantes et fut reporté sur les bords de la Charente, puis autour de la Rochelle. Mais, sous le règne d'Henri III, les guerres civiles, après avoir désolé l'ouest et le midi, se reportèrent vers le centre de la France. Des armées allemandes, arrivant à travers la Lorraine et la Champagne, essayaient de rejoindre dans l'ouest les forces des protestants. Une de ces armées, obligée de battre en retraite, fut atteinte par les troupes catholiques et défaite près d'Auneau (1587), à quatre lieues de Chartres. Le bourg d'Auneau, surpris par Henri de Guise, fut mis à sac; plus de deux mille soldats et officiers allemands restèrent sur la place : c'était un mois après la bataille de Coutras, gagnée par Henri de Navarre, chef des protestants.

L'année suivante, la lutte se complique de la rivalité de Henri de Guise et du roi Henri III. Forcé, après la journée des barricades (12 mai 1588), de s'enfuir de Paris, Henri III gagne Rambouillet, puis Chartres. Il y passa le mois d'août. De là il se rendit à Blois, où il convoqua les États généraux et se délivra de son rival en le faisant assassiner dans un odieux guet-apens (décembre 1588).

Le meurtre du duc de Guise, loin de décourager les Ligueurs, ne fit qu'exciter leur colère. La Ligue triompha : Chartres et Dreux se déclarèrent pour elle. Henri III périt à son tour assassiné par Jacques Clément à Saint-Cloud. Le chef des protestants devient alors le roi légitime, mais il est obligé de conquérir son royaume.

Vainqueur de l'armée de Mayenne aux combats d'Arques, en Normandie, Henri IV fait une pointe sur Paris, puis se rabat sur le Vendômois, terre de sa famille. Il reprend Vendôme, et vient mettre le siége devant Dreux (1590). Mayenne, qui a reformé une armée nouvelle, arrive pour secourir Dreux. Une bataille s'engage, à une lieue du château d'Anet, à Ivry, bourg situé sur la rive normande de l'Eure et distant de quatre lieues de la ville de Dreux. Encore vainqueur à cette journée fameuse, où il vengea la première défaite éprouvée par les protestants dans le même pays en 1562, Henri IV vit se rallier à lui les villes d'Épernon, de Montfort, de Houdan, d'Auneau, de Gallardon, de Courville, de Dourdan.

Alors il songea à s'emparer de Chartres. Le 26 janvier 1591, il commença une attaque en règle, mais rencontra une résistance sérieuse, qui l'obligea à livrer plusieurs assauts. Comme Henri IV poursuivait ce siège avec persévérance, les bourgeois, qui ne pouvaient attendre aucun secours, capitulèrent au mois d'avril, et Henri IV fit son entrée dans la ville le 20 avril. Appréciant l'importance de l'antique cité des Carnutes, il y transféra son Parlement de Tours, qui fut ins-

Porte du château de Sorel.

tallé dans le couvent des Jacobins, la Cour des Aides, en un mot son gouvernement. Dreux tomba aussi en son pouvoir en 1593, et, lorsqu'il eut abjuré, il choisit Chartres pour la cérémonie du sacre.

Le 27 février 1594, dans cette cathédrale, l'évêque Nicolas de Thou couronna solennellement Henri IV, en présence du prince de Condé, du comte de Soissons, du duc de

Montpensier, des ducs de Luxembourg, de Retz et de Ventadour, qui remplaçaient les pairs laïques. Les pairs ecclésiastiques, absents également, étaient remplacés par les évêques de Nantes, de Digne, de Maillezais, d'Orléans, d'Angers, de Chartres. Enfin, au mois de mars, Henri IV rentrait dans Paris, et sa victoire définitive mettait fin au règne éphémère de la ville de Chartres, sans que les habitants songeassent à s'en plain-

Château de Maintenon du côté du parc.

dre, car le triomphe d'Henri était celui de la tolérance religieuse et de la paix. Le ministre d'Henri, Sully, se plaisait au château de Villebon et voulut être enterré à Nogent-le-Rotrou : sa veuve lui fit élever un tombeau dans l'hôpital qu'il avait enrichi.

Sous le règne de Louis XIII, Chartres fut compris dans l'apanage de Gaston d'Orléans avec les duchés d'Orléans et de Valois. Le comté de Chartres avait d'ailleurs été érigé lui-même en duché dès le commencement du seizième siècle. Les trois duchés passèrent ensuite en apanage à Philippe, frère de Louis XIV, et restèrent dès lors dans cette famille, qui devait se développer parallèlement à la branche aînée des Bourbons et régner un moment, au dix-neuvième siècle, avec Louis-Philippe. Épernon avait été aussi érigé en duché-pairie (1581) en faveur de Jean-Louis de Nogaret de la Valette. Le duc d'Épernon joua un rôle considérable sous la régence de Marie de Médicis. Enfin la terre de Maintenon fut achetée par Françoise d'Aubigné, veuve du poëte Scarron, et donna un titre à cette femme ambitieuse qui, sortie d'une obscure origine, s'éleva au trône de France et domina Louis XIV.

Jusqu'au dix-septième siècle, le diocèse de Chartres était resté soumis à celui de Sens. En 1622, la création de l'archevêché de Paris amena un changement : l'évêché de Chartres, comme ceux d'Orléans et de Meaux, devint suffragant de l'archevêché de Paris, puis, en 1695, le diocèse fut diminué du territoire de Blois, où Louis XIV créa un évêché. Ce sont là les seuls faits que l'histoire puisse recueillir au dix-septième et au dix-huitième siècle, car le pays chartrain, comme les autres régions de la France, cesse d'avoir une vie locale pour se fondre de plus en plus dans l'unité française. Ses hommes remarquables travaillent pour l'intérêt et la gloire de la France tout entière : il fournit un contingent notable d'hommes de lettres, de savants, d'artistes, d'administrateurs, de généraux, et l'une des gloires les plus pures de la Révolution française lui appartient, le général Marceau.

Quelle que fût la gravité des événements qui agitaient l'Europe au dix-septième, au dix-huitième, au dix-neuvième siècle, le pays d'Eure-et-Loir, tranquille, comptait bien ne jamais redevenir le théâtre des guerres. La désastreuse année 1870 ramena pourtant, en cette contrée comme en tant d'autres, les malheurs, les combats, les pillages; mais nulle part la race française ne montra mieux qu'elle n'entend point renoncer à la bravoure de ses ancê-

Châteaudun.

tres, et la valeur des Carnutes se retrouva chez les défenseurs de Châteaudun, qui donnèrent à la France un héroïque exemple.

C'était le 18 octobre 1870. En quelques mois la France avait vu ses provinces de l'est envahies, ses meilleures armées vaincues et prisonnières, sa capitale investie. Le gouvernement de la défense nationale qui, après le 4 septembre 1870, avait assumé la lourde tâche de réparer les fautes de l'Empire et qui cherchait, quoique sans ressources, à délivrer le pays, réorganisait avec peine une armée sur les rives de la Loire. Cette armée naissante avait été battue. Les Prussiens occupaient Orléans, clef des provinces du centre. Rien ne semblait plus devoir leur résister, lorsque le pays qui s'enorgueillit du comte de Dunois, le compagnon de Jeanne d'Arc et l'un des libérateurs de la France au quinzième siècle, étonna l'ennemi par un de ces réveils qui ont relevé sinon la fortune, du moins l'honneur de la France

Les troupes prussiennes parcouraient le pays et cherchaient à détruire tout centre de résistance qui leur était signalé. Châteaudun devenait à ce moment un point d'appui pour les corps des francs-tireurs qui se répandaient dans la contrée. La garde nationale, bien armée, bien exercée, était décidée à affronter tous les périls plutôt que de céder sa ville, quoique ce fût une ville ouverte.

Un corps de l'armée allemande, commandé par le général de Wittich et fort de dix à douze mille hommes, se dirigea sur Châteaudun, qui ne pouvait compter pour sa défense que sur sept à huit cents francs-tireurs, placés sous les ordres du comte de Lipowski, sur sa garde nationale et sur les barricades établies en toute hâte au coin des principales rues. Les Allemands arrivèrent à la fois par la route d'Orléans et par celle de Meung, se déployèrent en demi-cercle autour de la cité, et bientôt trente pièces de canons bombardèrent la ville, sans même qu'il y eût eu de sommation préalable. L'hôtel de ville, la sous-préfecture, l'église, la caserne, l'hôpital même, devinrent les principaux objectifs de l'artillerie ennemie.

Malgré les ravages exercés par les obus et l'incendie allumé sur plusieurs points, les habitants de Châteaudun tenaient bon derrière leurs barricades et repoussaient victorieusement tous les assauts de l'infanterie. Ce ne fut qu'à huit heures du soir que les Prussiens purent forcer la barricade de la rue de Chartres et déboucher en colonne serrée sur la place de la ville. Un retour offensif des habitants et un feu terrible les forcèrent encore une fois à reculer, mais bientôt les ennemis reviennent en masses plus considérables, et par plusieurs rues pénètrent de nouveau sur la place. Furieux ils activent l'incendie qui dévore une partie de la ville et pillent les maisons intactes. Les malheureux habitants, chassés de leur ville en flammes, cherchent un refuge dans les cités voisines, et toute la nuit les lueurs sinistres de l'incendie éclairaient l'horizon. Il faudrait remonter aux temps les plus affreux du moyen âge pour retrouver de pareilles scènes d'horreur. Deux cents maisons furent détruites, et les Prussiens, qui n'avaient pu faire des prisonniers, emmenèrent en captivité une centaine d'habitants pris au hasard parmi ceux qui n'avaient point quitté la ville.

Cette défense si brillante d'une ville ouverte, et qui coûta près de deux mille hommes aux Allemands, ne pouvait sans doute changer le cours des événements. Mais si elle eût été soutenue par un corps d'armée, elle aurait pu avoir de sérieux résultats. En tout cas, elle montrait que le désintéressement, l'esprit de sacrifice n'étaient pas morts en France, elle préludait au glorieux combat de Coulmiers, et le gouvernement de la Défense nationale rendit le 20 octobre un décret dont la vaillante cité dunoise sera éternellement fière: « La ville de Châteaudun a bien mérité de la patrie. »

VII. — Personnages célèbres.

Onzième siècle. — FULBERT DE CHARTRES, un des évêques les plus illustres de cette ville, né vers 950, mort en 1029.

Douzième siècle. — Foucher de Chartres (1059-1127), auteur d'une intéressante relation de la première croisade. — Bernard de Chartres, philosophe et poète. — Amaury de Chartres, théologien, mort vers 1204.

Seizième siècle. — Desportes, un des poètes de la Renaissance, né à Chartres (1546-1606). — Mathurin Régnier, né à Chartres (1573-1613), neveu du précédent et plus célèbre comme poète satirique. — Remi Belleau, né à Nogent-le-Rotrou (1528-1577), poète. — Les Métezeau, nés à Dreux, célèbres architectes de la Renaissance, dont deux, Thibaut et son fils Louis, ont travaillé au Louvre sous Henri IV. — Le jésuite Guignard, né à Chartres, pendu à Paris en 1595 pour ses doctrines régicides. — Charles de Bourbon, comte de Soissons (1566-1612), illustre capitaine, né à Nogent-le-Rotrou.

Dix-septième siècle. — Étienne d'Aligre (1550-1635), chancelier de France, né à Chartres. — Jean de Rotrou, né à Dreux (1609-1650), poète tragique, émule de Corneille. — Michel Félibien, érudit (1666-1719), né à Chartres. — Clément Métezeau (1581-1650), de la famille des architectes précités, dirigea les travaux de la digue au siège de la Rochelle en 1628. — Pierre Nicole, né à Chartres (1625-1695), théologien, janséniste, écrivain remarquable. — Antoine Godeau, né à Dreux (1605-1672), évêque de Grasse, puis de Vence, un des littérateurs qui, s'assemblant chez Conrart, contribuèrent à former l'Académie française. — J.-B. Thiers (1636-1703), né à Chartres, curé de Vibraye, auteur d'excellents traités sur l'histoire de la liturgie et du droit ecclésiastique.

Dix-huitième siècle. — Panard (1694-1764), chansonnier et vaudevilliste, né à Courville. — Dussaux, né à Chartres (1728-1799), savant littérateur, membre de la Convention. — Brissot, né à Chartres (1754-1793), publiciste, député à l'Assemblée législative et à la Convention, l'un des chefs du parti girondin. — Pétion, né à Chartres (1756-1793), maire de Paris, membre de la Convention, du parti des Girondins. — Collin-d'Harleville, né à Mévoisins (1755-1806), poète comique. — Marceau, né à Chartres (1768-1796), l'un des plus remarquables généraux de la République, tué à Altenkirchen à l'âge de 27 ans. — Pierre Prévost, né à Montigny-le-Gannelon (1764-1823), peintre, peut être regardé comme le véritable inventeur des panoramas. — Colardeau, né à Janville (1732-1776), poète, académicien.

Dix-huitième et dix-neuvième siècle. — Chauveau-Lagarde, né à Chartres (1756-1841), avocat, défenseur de la reine Marie-Antoinette, de Madame Élisabeth, de Charlotte Corday.

Dix-neuvième siècle. — François-André Isambert, né à Aunay (1792-1857), jurisconsulte, auteur du *Recueil des anciennes lois françaises.* — Loiseleur-Deslonchamps, né à Dreux (1774-1850), savant botaniste. — Henri de Sénarmont (1808-1862), né à Broué, minéralogiste, physicien. — Delescluse (1809-1871), journaliste, membre de la dernière Commune de Paris, né à Dreux. — Michel Chasles (1793-1881), né à Épernon, mathématicien. — Philarète Chasles (1798-1873), né à Mainvilliers, près de Chartres, littérateur et professeur au Collège de France. — Le cardinal Pie, évêque de Poitiers, un des plus grands théologiens de notre époque, né à Pontgouin (1815-1880). — Edgar Boutaric (1829-1876), érudit, né à Châteaudun. — Jules Desnoyers, historien et géologue, né à Nogent-le-Rotrou (1800-1887).

VIII. — Population, langue, culte, instruction publique.

La *population* du département d'Eure-et-Loir s'élève, d'après le recensement de 1891, à 284 685 habitants. A ce point de vue, c'est le 66ᵉ département. Le chiffre des habitants divisé par celui des hectares donne environ 48 habitants par 100 hectares ou par kilomètre carré; c'est ce qu'on nomme la *population spécifique*. Sous ce rapport, Eure-et-Loir est le 68e département. La France entière ayant 72 habitants par kilomètre carré, il en résulte qu'Eure-et-Loir renferme, à surface égale, 22 habitants de moins que l'ensemble de notre pays.

Depuis 1801, date du premier recensement officiel, la population d'Eure-et-Loir s'est accrue de 6,890 habitants.

Il n'y a pas de patois proprement dit dans ce département; mais dans les campagnes se parle un français plus ou moins corrompu.

Presque tous les habitants d'Eure-et-Loir sont catholiques; on n'y compte que 1,200 protestants et une trentaine d'israélites.

Le nombre de *naissances* a été, en 1890, de 6,042 (plus 232 mort-nés); celui des *décès*, de 6,521; celui des *mariages*, de 1,880.

La *vie moyenne* est de 33 ans 8 mois.

Chartres possède un *lycée* (373 élèves). Les *collèges communaux* de Châteaudun, Dreux et Nogent-le-Rotrou ont compté, en 1887-1888, 408 élèves; le *collège de jeunes filles* de Chartres, 64 élèves; 3 *institutions secondaires libres*, 194; 705 *écoles primaires*, 41,412; 26 *écoles maternelles*, 5,053.

Les opérations du recrutement en 1889, pour la classe de 1888, ont donné les résultats suivants :

Ne sachant ni lire ni écrire	96
Sachant lire seulement	30
Sachant lire et écrire	373
Ayant une instruction primaire plus développée	1,556
Bacheliers	24
Dont on n'a pu vérifier l'instruction	23

Sur 24 accusés de crime, en 1887, on a compté :

Accusés ne sachant ni lire ni écrire	6
— sachant lire et écrire	17
— ayant reçu une instruction supérieure	1

IX. — Divisions administratives.

Eure-et-Loir forme le diocèse de Chartres (suffragant de Paris). — Il ressortit : aux 5e et 6e subdivisions de la 4e région militaire (Le Mans) ; — à la cour d'appel de Paris ; — à l'Académie de Paris ; — à la 5e légion de gendarmerie (Le Mans) ; — à la 13e inspection des ponts et chaussées ; — à la 2e conservation des forêts (Rouen) ; — à la 1re région agricole (Nord-Ouest) ; — à l'arrondissement minéralogique de Paris (division du Nord-Ouest). — Il comprend 4 arrond. (Chartres, Châteaudun, Dreux, Nogent-le-Rotrou), 24 cant., 426 com.

Chef-lieu du département : CHARTRES.

Chefs-lieux d'arrondissement : CHARTRES, CHATEAUDUN, DREUX, NOGENT-LE-ROTROU.

Arrondissement de Chartres (8 cant. ; 166 com ; 113,673 h.; 208,258 hect.)

Canton d'Auneau (28 com. ; **12,501** h. ; 29,940 hect.). — Ardelu — Aunay-sous-Auneau — Auneau — Béville-le-Comte — Champseru — Chapelle-d'Aunainville — Chatenay — Denonville — Francourville — Garancières-en-Beauce — Gué-de-Longroi — Houville — Léthuin — Levainville — Maisons — Moinville-la-Jeulin — Mondonville-Saint-Jean — Morainville — Oinville-sous-Auneau — Oisonville — Orlu — Roinville — Saint-Léger-des-Aubées — Sainville — Santeuil — Umpeau — Vierville — Voise.

Canton de Chartres (*Nord*) (20 com. ; 20,556 h. ; 24,590 hect.). — Amilly — Bailleau-l'Évêque — Berchères-la-Maingot — Briconville — Challet — Champhol — Chartres (Nord) — Cintray — Clévilliers-le-Moutiers — Coltainville — Fresnay-le-Gilmert — Gasville — Jouy — Lèves — Lucé — Mainvilliers — Poisvilliers — Saint-Aubin-des-Bois — Saint-Germain-la-Gatine — Saint-Prest.

Canton de Chartres (*Sud*) (17 com. ; 23,810 h. ; 21,708 hect.). — Barouville — Berchères-l'Évêque — Chartres (Sud) — Corancez — Coudray (Le) — Dammarie — Fontenay-sur-Eure — Fresnay-le-Comte — Gellainville — Luisant — Mignières — Morancez — Nogent-le-Phaye — Prunay-le-Gillon — Sours — Thivars — Ver-lès-Chartres.

Canton de Courville (16 com.; 9,256 h.; 24,490 hect.).—Billancelles—Chuisnes — Courville — Dangers — Favril (Le) — Fontaine-la-Guyon — Fruncé — Landelles — Mittainvilliers — Orrouer — Pontgouin — Saint-Arnoult-des-Bois — Saint-Georges-sur-Eure — Saint-Germain-le-Gaillard — Saint-Luperce — Vérigny.

Canton d'Illiers (21 com. ; 9,912 h. ; 23,606 hect.). — Bailleau-le-

Pin — Blandainville — Boisvillette — Cernay — Charonville — Châtelliers-Notre-Dame (Les) — Chauffours — Écautrolles — Ermenonville-la-Grande — Ermenonville-la-Petite — Illiers — Luplanté — Magny — Marchéville — Méréglise — Meslay-le-Grenet — Nogent-sur-Eure — Ollé — Saint-Éman — Saint-Loup — Sandarville.

Canton de Janville (22 com.; 11,135 h.; 29,543 hect.). — Allaines — Barmainville — Baudreville — Dommerville — Fresnay-l'Évêque — Gommerville — Gouillons — Grandville-Gaudreville — Guilleville — Intreville — Janville — Levesville-la-Chenard — Mérouville — Mervilliers — Neuvy-en-Beauce — Oinville-Saint-Liphard — Poinville — Puiset (Le) — Rouvray-Saint-Denis — Santilly — Toury — Trancrainville.

Canton de Maintenon (21 com.; 13,908 h.; 16,933 hect.). — Armenonville-les-Gatineaux — Bailleau-sous-Gallardon — Bleury — Bouglainval — Chartainvilliers — Droue — Écrosnes — Épernon — Gallardon — Gas — Hanches — Houx — Maintenon — Mévoisins — Montlouet — Pierres — Saint-Piat — Saint-Symphorien — Soulaires — Yermenonville — Ymeray.

Canton de Voves (22 com.; 12,795 h.; 37,648 hect.). — Allonnes — Baignollet — Beauvilliers — Boisville-la-Saint-Père — Boncé — Fains-la-Folie — Germignonville — Louville-la-Chenard — Montainville — Moutiers — Ouarville — Pézy — Prasville — Réclainville — Rouvray-Saint-Florentin — Theuville — Viabon — Villars — Villeau — Villeneuve-Saint-Nicolas — Voves — Ymonville.

Arrondissement de Châteaudun (5 cant.; 80 com.; 65,758 h.; 144,058 hect.).

Canton de Bonneval (20 com.; 13,847 h.; 29,986 hect.). — Alluyes — Bonneval — Bouville — Bullainville — Dancy — Flacey — Gault-Saint-Denis (Le) — Meslay-le-Vidame — Montboissier — Montharville — Moriers — Neuvy-en-Dunois — Pré-Saint-Évroult — Pré-Saint-Martin — Saint-Maur — Sancheville — Saumeray — Trizay-lès-Bonneval — Villiers-Saint-Orien — Vitray-en-Beauce.

Canton de Brou (11 com.; 10,788 h.; 23,972 hect.). — Brou — Bullou — Dampierre-sous-Brou — Dangeau — Gohory — Mézières-au-Perche — Mottereau — Saint-Avit-les-Guespières — Unverre — Vieuvicq — Yèvres.

Canton de Châteaudun (17 com.; 16,688 h.; 30,665 hect.). — Chapelle-du-Noyer (La) — Châteaudun — Civry — Conie-Molitard — Donnemain-Saint-Mamès — Jallans — Lanneray — Logron — Lutz — Marboué — Moléans — Ozoir-le-Breuil — Saint-Cristophe — Saint-Cloud — Saint-Denis-les-Ponts — Thiville — Villampuy.

Canton de Cloyes (15 com.; 12,797 h.; 27,722 hect.). — Arrou — Autheuil — Boisgasson — Charray — Châtillon — Cloyes — Courtalain — Douy — Ferté-Villeneuil (La) — Langey — Mée (Le) — Montigny-le-Ganelon — Romilly-sur-Aigre — Saint-Hilaire-sur-Yerre — Saint-Pellerin.

Canton d'Orgères (17 com.; 9,638 h.; 31,715 hect.). — Baigneaux — Bazoches-en-Dunois — Bazoches-les-Hautes — Cormainville — Courbenaye — Dambron — Fontenay-sur-Conie — Guillonville — Loigny — Lumeau — Nottonville — Orgères — Péronville — Poupry — Terminiers — Tillay-le-Péneux — Varize.

Arrondissement de Dreux (7 cant.; 126 com.; 65,471 h.; 151,624 hect.).

Canton d'Anet (21 com.; 10,481 h.; 22,317 hect.). — Abondant — Anet — Berchères-sur-Vesgre — Boncourt — Broué — Bû — Champagne — Chaussée-d'Ivry (La) — Gilles — Goussainville — Guainville — Havelu — Marchezais — Mesnil-Simon (Le) — Oulins — Rouvres — Saint-Lubin-de-la-Haye — Saint-Ouen-Marchefroy — Saussay — Serville —. Sorel-Moussel.

Canton de Brezolles (20 com.; 9,925 h.; 24,979 hect.). — Beauche — Bérou-la-Mulotière — Brezolles — Chataincourt — Châtelets (Les) — Crucey — Dampierre-sur-Avre — Escorpain — Fessanvilliers-Mattanvilliers — Laons — Mainterne — Mancelière (La) — Montigny-sur-Avre — Prudemanche — Revercourt — Rueil-la-Gadelière — Saint-Lubin-de-Cravant — Saint-Lubin-des-Joncherets — Saint-Rémy-sur-Avre — Vitray-sous-Brezolles.

Canton de Châteauneuf (22 com.; 8,900 h.; 27,655 hect.). — Ardelles — Blévy — Boullay-les-Deux-Églises — Châteauneuf — Chêne-Chenu — Écublé — Favières — Fontaine-les-Ribouts — Gâtelles — Gironville — Maillebois — Marville-les-Bois — Puiseux — Saint-Ange-et-Torçay — Saint-Chéron-des-Champs — Saint-Jean-de-Rebervilliers — Saint-Maixme-Hauterive — Saint-Sauveur-Levasville — Serazereux — Theuvy-Achères — Thimert — Tremblay-le-Vicomte.

Canton de Dreux (23 com.; 17,152 h.; 1,878 hect.). — Allainville — Aunay-sous-Crécy — Boissy-en-Drouais — Chapelle-Forainvilliers (La) — Charpont — Cherisy — Crécy-Couvé — Dreux — Écluzelles — Garancières-en-Drouais — Garnay — Germainville — Louvilliers-en-Drouais — Luray — Marville-Moutier-Brûlé — Mézières-en-Drouais — Montreuil — Ouerre — Saint-Denis-de-Moronval — Saulnières — Tréon — Vernouillet — Vert-en-Drouais.

Canton de la Ferté-Vidame (7 com.; 2,940 h.; 13,190 hect.). — Boissy-le-Sec — Chapelle-Fortin (La) — Ferté-Vidame (La) — Lamblore — Morvilliers — Ressuintes (Les) — Rohaire.

Canton de Nogent-le-Roi (21 com.; 10,545 h.; 20,906 hect.). — Boullay-Mivoye (Le) — Boullay-Thierry (Le) — Boutigny — Bréchamps — Chaudon — Coulombs — Croisilles — Faverolles — Lormaye — Néron — Nogent-le-Roi — Ormoy — Pinthières (Les) — Prouais — Saint Laurent-la-Gâtine — Saint-Lucien — Saint-Martin-de-Nigelles — Senantes — Vacheresses-les-Basses — Villemeux — Villiers-le-Morhier.

Canton de Senonches (12 com.; 5,728 h.; 20,699 hect.). — Dampierre-sur-Blévy — Digny — Feuilleuse — Framboisière (La) — Jaudrais — Louvilliers-lès-Perche — Mesnil-Thomas (Le) — Puisaye (La) — Saucelle (La) — Senonches — Tardais — Ville-aux-Nonains (La).

Arrondissement de Nogent-le-Rotrou (4 cant.; 54 com.; 41,781 h.; 84,780 hect.).

Canton d'Authon (15 com.; 11,035 h.; 24,060 hect.). — Autels-Villevillon (Les) — Authon — Bazoche-Gouet (La) — Beaumont-les-Autels — Béthonvilliers — Chapelle-Guillaume — Chapelle-Royale — Charbonnières — Coudray-au-Perche — Étilleux (Les) — Luigny — Miermaigne — Moulhard — Saint-Bomer — Soizé.

Canton de la Loupe (17 com.; 9,301 h.; 25,533 hect.). — Belhomert. Guéhouville — Champrond-en-Gatine — Corvées-les-Yys (Les) — Fontaine-Simon — Friaize — Loupe (La) — Manou — Meaucé — Montireau — Montlandon — Saint-Denis-des-Puits — Saint-Éliph — Saint-Maurice-Saint-Germain — Saint-Victor-de-Buthon — Thieulin (Le) — Vaupillon — Villebon.

Canton de Nogent-le-Rotrou (10 com.; 15,242 h.; 14,114 hect.). — Argenvilliers — Brunelles — Champrond-en-Perchet — Gaudaine (La) — Margon — Nogent-le-Rotrou — Saint-Jean-Pierrefixte — Souancé — Trizay-Coutretot-Saint-Serge — Vichères.

Canton de Thiron (12 com.; 8,203 h.; 21,073 hect.). — Chassant — Combres — Coudreceau — Croix-du-Perche (La) — Frazé — Frétigny — Happonvilliers — Marolles — Montigny-le-Chartif — Nonvilliers-Grandhoux — Saint-Denis-d'Authou — Thiron.

X. — Agriculture ; productions.

Sur les 593,800 hectares du département, on compte :

Terres labourables.	481,820 hectares.
Prés et herbages.	20,512
Vignes.	1,200
Bois.	53,545
Landes, pâtis ou pâtures et autres terrains incultes.	3,617

En 1891 on comptait dans le département 42,752 chevaux, 79 mulets, 4,898 ânes, 107,578 animaux de l'espèce bovine, 594,588 moutons (21,440 quintaux de laine en 1891), 23,256 porcs et 2,717 chèvres. 20,698 ruches, le plus grand nombre dans l'arrondissement de Chartres, ont donné, en 1891, 175,546 kilogramme de miel et 30,546 de cire. Eure-et-Loir est un grand pays d'élevage pour les chevaux de race croisée dits *percherons*, très nombreux surtout dans l'arrondissement de Nogent-le-Rotrou, et vendus principalement aux foires de Courtalain. Le lait des vaches sert à fabriquer, notamment à Dreux, des fromages estimés. De nombreux troupeaux de moutons *mérinos* ou de races perfectionnées, livrent une quantité considérable de laine au commerce d'exportation

Les campagnes unies et fertiles d'Eure-et-Loir en ont fait une contrée essentiellement agricole, un des greniers de la France. Elles produisent une quantité considérable de *céréales* dont une grande partie est convertie en farine pour l'approvisionnement de Paris Les blés les plus estimés sont ceux de la Beauce. Les légumes (magnifiques asperges de Monvilliers), la pomme de terre, le colza, la betterave (principalement dans l'arrondissement de Chartres), y sont aussi cultivés avec succès. Il existe des *prairies naturelles* dans les vallées de l'Avre, de la Blaise, de l'Eure, du Loir, de l'Yère et surtout dans celle de l'Huisne ; mais les *prairies artificielles* sont beaucoup plus répandues.

La vigne se montre sur les collines des environs de Chartres, de Dreux et du val du Loir. Les côtes de Macheclou, le clos Champdé, Roussière Saint-Piat, Sèche-Côte, Bû et Marsauceux produisent de bons vins rouges d'ordinaire.

En 1891, les habitants ont récolté 813,000 hectolitres de froment, 60,850 de méteil, 180,970 de seigle, 1,732,900 d'orge, 6,024,600 d'avoine, 392,630 quintaux de pommes de terre, 1,660,200 de betteraves fourragères, 442,000 de trèfle, 1,239,420 de luzerne, 964,130 de sainfoin, 540,000 de foin, 505,550 de betteraves à sucre, 70,800 de pommes à cidre, 8,750 hectolitres de vins et 59,940 hectolitres de cidre.

Les principales *forêts* (6,497 hectares appartiennent à l'État) sont celles de Champrond, Châteauneuf, Dreux, la Ferté-Vidame (3,715 hectares), Nogent-le-Rotrou, Saussaye, Senonches. De plus, dans le Perche, chaque route, chaque propriété est bordée d'une haute et épaisse haie, dont la forte végétation donne une coupe réglée. Les essences dominantes sont le chêne, le hêtre, le charme et le bouleau

Dans le Perche, les *pommiers*, cultivés le plus souvent en vergers, donnent une grande quantité de bon cidre (95,000 hectolitres, année ordinaire, valant 667,000 francs) ; les poiriers, moins répandus, un excellent poiré. — Il existe des pépinières à Dreux.

XI. — Industrie.

Les produits minéraux sont assez nombreux dans l'ensemble, mais trop peu importants dans le détail pour constituer un élément sérieux de richesse pour le pays. Le minerai de fer est assez répandu. Les *carrières de grès* blanc ou gris et *de pierre* à bâtir y sont l'objet d'une exploitation assez active. Les carrières les plus importantes sont celles de Berchères-l'Évêque, qui jadis ont fourni les matériaux nécessaires pour la construction de la cathédrale de Chartres; celles d'Épernon, de Jallans, de Prasville, Saint-Denis-d'Authou, Saint-Léger-des-Aubées, Saint-Lucien, Souancé, Thiville. — Les *pierres meulières*, extraites à Épernon, la Ferté-Villeneuil, Nogent-le-Rotrou, Saint-Lucien, Saint-Martin-de-Nigelles, servent à fabriquer dans ces mêmes localités des meules de moulins. — Brou, Chuisnes, Trizay-lès-Bonneval ont des *marnières* considérables; Saint-Prest, une carrière de sable. L'argile à briques et à poterie est très commun. Les vallées de la Voise, de la Conie et de l'Aigre fournissent de la *tourbe*.

Il existe des *sources minérales* à Chartres, dans le parc de la Ferté-Vidame, et à Bonnefontaine près de Pontgouin.

La principale branche de l'industrie locale est celle de la minoterie, qui occupe un grand nombre de bras dans les vallées du Loir et de l'Eure. — L'industrie métallurgique est représentée par : les *tréfileries de cuivre* de Bérou-la-Mulotière, Montigny-sur-Avre et Rueil-la-Gadelière, qui alimentent les fabriques d'épingles de Laigle (Orne) ; les *fonderies* de fer et de cuivre de Boussard, Chartres, Dreux et Vernouillet ; les *fabriques de clous* et pointes d'Authou, de Châteaudun et la Frambroisière ; les *fabriques d'instruments agricoles* d'Auneau, de Boisville, de Dreux, Châteauneuf-en-Thymerais, Nogent-le-Roi et Nogent-le-Rotrou.

Montigny-sur-Avre, Saint-Lubin-des-Joncherets et Toury ont des *filatures de laine* (200 ouvriers ; 4,700 broches); Saint-Lubin et Saint-Remy-sur-Avre, des *filatures de coton* avec tissage (1,100 ouvriers ; 44,000 broches ; 480 métiers); Aunay-sous-Crécy, Crécy-Couvé et Tréon, des *filatures de bourre de soie*. Nogent-le-Rotrou fabrique une assez grande quantité d'étamines, de burats, serges, breluches, droguets et autres *étoffes de laine* ; Châteaudun, des couvertures de laine et des toiles ; plusieurs communes du canton de Janville, des *tricots de laine* ; Chartres, Châtenay, Illiers, Neuvy-en-Dunois, Orgères, Sainville, des articles de *bonneterie*. La Bazoche-Gouet et Nogent-le-Rotrou possèdent des fabriques de chapeaux ; Épernon, une fabrique de feutre ; Blévy, une de rubans.

Les autres établissements industriels du département sont : les *papeteries* (320 ouvriers, ayant produit, en 1887, 20,000 quintaux métriques de papiers, valant 2,000,000 francs) de Saussay et Sorel-Moussel appartenant à MM. Firmin-Didot, celle des Forges à Vert-en-Drouais (papier à cigarettes) ; les *scieries* d'Anet, Aunay-sous-Crécy, de Courville, Dreux, Illiers, Saint-Lubin-des-Joncherets ; les *tanneries*, corroiries ou mégisseries de Chartres, Châteaudun, Dreux, Nogent-le-Rotrou, villes possédant aussi des *imprimeries* et (Nogent exceptée) des *brasseries*; les *sucreries* (420 ouvriers, fabriquant 15,000 quintaux de sucre) de Béville-le-Comte et Toury; la *féculerie* d'Illiers; les fabriques de chocolat et de pains d'épices de Chartres, dont les *pâtés de gibier* sont justement renommés; la fromagerie de Voves.

Enfin nous mentionnerons les fabriques de billards de Janville et de Chartres, ville où existe aussi une importante *manufacture de vitraux peints*; les *fabriques de produits chimiques* de Courville et Vitray-sous-Brezolles; des fabriques de peignes à Anet et à la Chaussée

Carrières d'Épernon.

d'Ivry, de chaussures à la Loupe et à Dreux, de courroies de transmission à Dreux, de poterie à Coudreceau, des distilleries agricoles, de nombreuses fabriques de sabots, de chaux (chaux renommée de Senonches), tuiles et briques.

XII. — Commerce, chemins de fer, routes.

Le département d'Eure-et-Loir *exporte :* une quantité considérable de céréales, écoulées à Paris, à Orléans et sur les marchés d'Étampes; des béliers mérinos, transportés en Angleterre, en Belgique, en Russie, en Amérique, en Australie; des laines destinées aux fabriques de Beauvais, d'Amiens, Orléans, de Bernay, Verneuil, etc.;

des bestiaux, des chevaux percherons ; les pommes du Perche, expédiées dans les départements du Nord ; des graines de trèfle et de luzerne, des peaux brutes, des vins, des alcools, des pierres meulières, des fils de cuivre, des pâtés de Chartres, etc.

Il *importe* des vins, des liqueurs, des soieries, des nouveautés, des articles de bijouterie, de librairie, d'ameublement, d'épicerie, des denrées coloniales, des savons, des huiles, des produits du Midi, des articles de Paris, et environ 114,500 tonnes de houille provenant de Valenciennes, Commentry, Saint-Étienne, Ahun, Saint-Éloi, de Belgique et d'Angleterre.

Le départ. est traversé par 12 chemins de fer (546 kil.).

1° Le chemin de fer *de Paris au Mans* passe du départ. de Seine-et-Oise dans celui d'Eure-et-Loir à 1 kil. en deçà de la station d'Épernon. Outre cette localité, il dessert Maintenon, Jouy, la Villette, Chartres, Saint-Aubin, Courville, Pontgouin et la Loupe. Puis il pénètre dans le départ. de l'Orne, où il a deux gares, Bretoncelles et Condé, mais où il n'entre définitivement qu'après être revenu sur le territoire d'Eure-et-Loir, où il a une dernière station, Nogent-le-Rotrou. Parcours, 78 kil.

2° Le chemin de fer *de Paris à Tours par Vendôme* entre dans Eure-et-Loir à 3 kil. au delà de la station d'Ablis-Paray (Seine-et-Oise). Il dessert Auneau, Santeuil, Allonnes, Voves, Gault-Saint-Denis, Bonneval, Châteaudun, Cloyes, puis il entre dans le départ. de Loir-et-Cher. Parcours, 74 kil.

3° La ligne *de Paris à Granville* entre dans Eure-et-Loir à 2 kil. après avoir dépassé la gare de Houdan (Seine-et-Oise). Elle passe à Marchezais-Broué, Dreux et Saint-Germain-Saint-Remy. Cette dernière station, située dans la vallée de l'Avre, qui sépare, sur ce point, le départ. d'Eure-et-Loir de celui de l'Eure, dessert deux villages, dont le premier est dans l'Eure. Au delà, le chemin de fer entré dans ce dernier départ. pour y desservir Nonancourt, traverse encore une parcelle du territoire d'Eure-et-Loir avant de pénétrer définitivement dans l'Eure. Parcours, 51 kil.

4° Le chemin de fer *de Dreux à Orléans* passe aux gares d'Aunay-Tréon, de Morvillette, Saint-Sauveur-Châteauneuf, Theuvy-Achères, Clevilliers, Bailleau-l'Évêque, Chartres, Beaulieu, Berchères, Theuville, Voves, Fains-la-Folie, Orgères et Gommiers. Au delà, il entre dans le Loiret. Longueur, 91 kil.

5° Le chemin de fer *de Paris à Orléans* traverse l'extrémité sud-est du départ., sur une longueur de 14 kil., et y a une station, celle de Toury.

6° Le chemin de fer *de Paris à Caen* coupe sur une longueur de

Portail ouest de la cathédrale de Chartres.

6 kil. l'extrémité septentrionale du départ. sans desservir aucune station.

7° Le chemin de fer *de Dreux à Pacy-sur-Eure*, suivant la vallée de l'Eure, n'a pas de station dans Eure-et-Loir, où son développement n'est que de 8 kil.

8° L'embranchement *de Chartres à Auneau* (stations : Beaulieu, Nogent-le-Phaye, Houville, Béville-le-Comte et Auneau-Ville) a une longueur de 20 kil.

9° Le chemin de fer *de Chartres à Château-du-Loir* (56 kil.) passe aux gares de la Taye, Bailleau-le-Pin, Magny, Illiers, Vieuvicq, Brou, du Bois-Mouchet, d'Arrou et de Courtalain. Au delà il entre dans le départ. de Loir-et-Cher.

10° Le chemin de fer *de Nogent-le-Rotrou à Orléans* dessert Saint-Lazare, Souancé, Coudray-au-Perche, Authon, la Bazoche-Gouet, Chapelle-Royale, Arrou, Courtalain, Langey, Saint-Denis, Châteaudun, Lutz-en-Dunois, Civry-Saint-Cloud et Péronville. Parcours, 84 kil.

11° Le chemin de fer *d'Évreux à la Loupe* dessert en Eure-et-Loir, Boissy-le-Sec, la Chapelle-Fortin, la Ferté-Vidame-Lamblore, la Puisaye-les-Ressuintes, la Framboisière, Senonches, Fontaine-Simon et la Loupe. Parcours, 34 kil.

12° Le chemin de fer *de Dreux à Auneau* (50 kil.) dessert Ecluzelles, Villemeux, Nogent-le-Roi, Villiers-le-Morhiers, Maintenon, Yermenonville, Bailleau-sous-Gallardon, Gallardon, Gué-de-Longroi, Auneau-Ville et Auneau.

Les voies de communication comprennent 8,111 kil., savoir :

12 chemins de fer.	546 kil.
Routes nationales	577
Chemins vicinaux de grande communication . .	1,944
— d'intérêt commun.	5,143
— ordinaires.	101

XIII. — Dictionnaire des communes.

Les chiffres de la population sont ceux du recensement de 1891.

Abondant, 916 h., c. d'Anet. ⟶ Église des xii° et xvi° s. : restes de vitraux ; fonts baptismaux monolithes avec belles sculptures. — Château moderne, beau parc. — Sur un coteau dominant l'Eure, ruines du château de la Robertière, près duquel sont des grottes, jadis habitées. — A Moulaincourt, restes d'une chapelle et du prieuré de Bon-Avis.

Allaines, 530 h., c. de Janville. ⟶ Église en partie du xi° s.

Allainville, 55 h., c. de Dreux. ⟶ Au-dessus de la porte de l'église, ancien bas-relief.

Allonnes, 574 h., c. de Voves.

Alluyes, 765 h., c. de Bonneval. ⟶ Monuments mégalithiques, à la garenne des Clapiers. — Restes d'un camp attribué aux Romains et d'un camp du xiv° s. — Donjon cylindrique du xiii° ou du xiv° s. (mon. hist.), reste d'un château. — Dans l'église, belle châsse du xiii° s.

Amilly, 355 h., c. (Nord) de Chartres. ⟶ Chemins souterrains de 8 et 12 kil. de développement, 1 mèt. 80 sous voûte et 80 cent. de largeur, dans la plaine entre Courville et Chartres.

Anet, 1,431 h., ch.-l. de c. de l'arr. de Dreux. ⟶ Restes du château (mon. hist.) de Diane de Poitiers, bâti aux frais d'Henri II par Philibert Delorme en 1552, décoré par Jean Goujon, Germain Pilon et Jean Cousin, et détruit en partie à la Révolution. La grande porte d'entrée, en forme d'arc de triomphe, est richement sculptée. Le tympan, encadré dans une belle archivolte, supporte un attique décoré de deux niches à jour. L'aile restaurée, qui existe encore, offre de belles salles décorées de pilastres et sculptures, un magnifique escalier, et renferme une belle collection artistique. La chapelle, en forme de croix grecque, est précédée d'un péristyle et couronnée d'une coupole (peintures du xvi° s.; mosaïque; sous les voussures des archivoltes et sur les pendentifs, belles sculptures de Jean Goujon; porte richement sculptée, aux armes de France et de Diane de Poitiers, communiquant de l'un des escaliers à la tribune). Crypto-portique découvert en 1876. — Chapelle sépulcrale de Diane de Poitiers: très belle façade, avec incrustations de marbre. — Église des xi° et xvi° s.

Ardelles, 228 h., c. de Châteauneuf.

Ardelu, 90 h., c. d'Auneau. ⟶ Église ogivale enclavée dans la cour d'une ferme, ancien prieuré.

Argenvilliers, 561 h., c. de Nogent-le-Rotrou.

Armenonville-les-Gatineaux, 204 h., c. de Maintenon.

Arrou, 2,735 h., c. de Cloyes. ⟶ Église du xiii° s., remarquable par son portail.

Aunay-sous-Auneau, 1,143 h., c. d'Auneau. ⟶ Belle église des xii°, xiii° et xv° s.; dans le sanctuaire, autel piscine et sacraire du xii° s. — A côté de l'église, puits de Saint-Éloi, très ancien.

Aunay-sous-Crécy, 249 h., c. de Dreux.

Auneau, 1,850 h., ch.-l. de c. de l'arr. de Chartres. ⟶ Église romane. — Restes d'un château du xiii° s., avec beau donjon cylindrique, le tout remanié au xvi° s. — Fontaine de Saint-Maur, pèlerinage.

Autels-Villevillon (Les), 520 h., c. d'Authon.

Autheuil, 241 h., c. de Cloyes.

Authon, 1,371 h., ch.-l. de c. de l'arrond. de Nogent-le-Rotrou.

Baigneaux, 403 h., c. d'Orgères.

Baignolet, 349 h., c. de Voves.

Bailleau-l'Évêque, 677 h., c. (Nord) de Chartres.

Bailleau-le-Pin, 895 h., c. d'Illiers.

Bailleau-sous-Gallardon, 665 h., c. de Maintenon.

Barjouville, 251 h., c. (Sud) de Chartres.

Barmainville, 178 h., c. de Janville.

Baudreville, 387 h., c. de Janville.

Bazoche-Gouet (La), 2,008 h., c. d'Authon. ⟶ Église du xiii° s.: beau clocher; beaux vitraux. — Chapelle des Bois, bien conservée, du xiii° s.

Bazoches-en-Dunois, 604 h., c. d'Orgères.

Bazoches-les-Hautes, 466 h., c. d'Orgères. ⟶ Dolmen.

Beauche, 325 h., c. de Brezolles.

Beaumont-les-Autels, 824 h., c. d'Authon. ⟶ Châteaux, l'un du xv° s., l'autre de 1580. — Ancienne motte féodale.

Beauvilliers, 671 h., c. de Voves.

Belhomert-Guéhouville, 595 h., c. de la Loupe.

Berchères-la-Maingot, 410 h., c. (Nord) de Chartres. ⟶ Restes de l'aqueduc dit de Maintenon.

Berchères-l'Évêque, 807 h., c. (Sud) de Chartres. ⟶ Église du xii° s. — Menhir.

Berchères-sur-Vesgre, 497 h., c. d'Anet. ⟶ A Ville-l'Évêque, au-dessus de caves et de souterrains, ruines considérables d'un château des évêques de Chartres et d'un couvent converti en ferme; près de là, beau menhir, mon. hist.

Bérou-la-Mulotière, 424 h., c. de Brezolles.

Béthonvilliers, 381 h., c. d'Authon.

Béville-le-Comte, 1,102 h., c. d'Auneau. ➡ Château ayant appartenu à la famille d'Aligre.

Billancelles, 324 h., c. de Courville.

Blandainville, 330 h., c. d'Illiers.

Bleury, 440 h., c. de Maintenon.

Blévy, 642 h., c. de Châteauneuf. ➡ Église du XVIe s. — Maison en bois du XVe s. — Pierre mégalithique.

Boisgasson, 218 h., c. de Cloyes. ➡ Château de Villemesle (XVIIe s.). — Chapelle d'un prieuré convertie en grange.

Boissy-en-Drouais, 166 h., c. de Dreux. ➡ Église du XIIe s.

Boissy-le-Sec, 610 h., c. de la Ferté-Vidame. ➡ Ancien château du XIVe s.

Boisville-la-Saint-Père, 1,000 h., c. de Voves.

Boisvillette, 270 h., c. d'Illiers.

Boncé, 321 h., c. de Voves.

Boncourt, 258 h., c. d'Anet.

Bonneval, 3,789 h., ch.-l. de c. de l'arr. de Châteaudun, au confluent du Loir et de l'Ozanne. ➡ Porte charretière du XVIe s. flanquée de 2 grosses tours, ruines d'une église du XIIIe s. et vastes bâtiments du XVIIIe s., restes d'une abbaye de Bénédictines (mon. hist.) fondée en 841 et convertie en asile d'aliénés. — Porte Saint-Roch et autres débris de fortifications (XIIIe s.). — Monuments mégalithiques. — Église du XIIe ou du XIIIe s. (mon. hist.); clocher avec couronnement pittoresque en charpente.

Bouglainval, 345 h., c. de Maintenon. ➡ Terrasses du canal de Maintenon, destiné à amener l'eau à l'aqueduc. — Beau château moderne.

Boullay-les-Deux-Églises, 347 h., c. de Châteauneuf. ➡ Église du XIIe s. — Manoir à tourelles et fossés, converti en ferme.

Boullay-Mivoye (Le), 330 h., c. de Nogent-le-Roi. ➡ Église des XIIe et XVe s.

Boullay-Thierry (Le), 352 h., c. de Nogent-le-Roi. ➡ Beau château du XVIIe s. entouré de fossés (grand parc). — Menhir.

Boutigny, 628 h., c. de Nogent-le-Roi. ➡ Château du XVIIe s.

Bouville, 707 h., c. de Bonneval.

Bréchamps, 206 h., c. de Nogent-le-Roi. ➡ Église du XIIIe et du XVIe s.

Brétigny, com. de Sours.

Brezolles, 861 h., ch.-l. de c. de l'arr. de Dreux. ➡ Belle église du XIIe s.; haute tour et portail sculptés. — Pierres mégalithiques.

Briconville, 99 h., c. (Nord) de Chartres.

Brou, 2,656 h., ch.-l. de c. de l'arr. de Châteaudun, sur l'Ozanne. ➡ Église des XIIIe et XVe s. — Maison en bois du XVIe s. (mon. hist.). — Débris de fortifications (XVe s.).

Broué, 527 h., c. d'Anet. ➡ Église des XIIe et XVe s.

Brunelles, 701 h., c. de Nogent-le-Rotrou. ➡ Ruines (XIIe et XVe s.) du prieuré d'Arcisses, devenu abbaye d'hommes en 1225 et abbaye de femmes en 1620.

Bû, 997 h., c. d'Anet. ➡ Église des XIIe, XVe et XVIIe s.; fragments de vitraux.

Bullainville, 224 h., c. de Bonneval.

Bullou, 363 h., c. de Brou.

Cernay, 190 h., c. d'Illiers.

Challet, 295 h., c. (Nord) de Chartres.

Champagne, 127 h., c. d'Anet.

Champhol, 380 h., c. (Nord) de Chartres.

Champrond-en-Gâtine, 752 h., c. de la Loupe. ➡ Belle église du XVIe s., renfermant un tableau de Carle Vanloo.

Champrond-en-Perchet, 266 h., c. de Nogent-le-Rotrou.

Champseru, 533 h., c. d'Auneau.

Chapelle-d'Aunainville, 300 h., c. d'Auneau. ➡ Église du XIIe s.

Chapelle-du-Noyer (La), 462 h., c. de Châteaudun.

Chapelle-Forainvilliers (La), 148 h., c. de Dreux.

Chartres. — Pourtour du chœur de la cathédrale.

Chapelle-Fortin (La), 555 h., c. de la Ferté-Vidame. → Dolmen.

Chapelle-Guillaume, 769 h., c. d'Authon.

Chapelle-Royale, 548 h., c. d'Authon. → Dans l'église, vitraux du xviie s.

Charbonnières, 815 h., c. d'Authon.

Charonville, 550 h., c. d'Illiers.

Charpont, 246 h., c. de Dreux.

Charray, 300 h., c. de Cloyes → Château de Thierville (xvie s.) restauré de nos jours; dans le parc, chapelle de Saint-Évroult, but de pèlerinage.

Chartainvillers, 317 h., c. de Maintenon.

Chartres, V. de 23,168 h., ch.-l. du départ., d'un arrond. et de deux cant. siège d'un évêché, située sur une colline de la rive g. de l'Eure et au point de croisement des chemins de fer de Paris à Brest et d'Orléans à Rouen. Dans la vallée s'étendent plusieurs faubourgs dont le plus important est celui de *Saint-Brice*. La ville proprement dite, peu animée, a conservé en grande partie son aspect du moyen âge et reste par ses édifices une des plus curieuses de l'ancienne France. → La *cathédrale* ou *Notre-Dame* (mon. hist.), bâtie au sommet de la colline, est une des plus belles du monde. Fondée au iiie s. sur l'emplacement d'un sanctuaire où, d'après la tradition, les Druides avaient honoré « la Vierge qui devait enfanter, » elle devint bientôt un des grands pèlerinages nationaux. Elle fut reconstruite plusieurs fois, notamment au xie s., par le célèbre Fulbert. Elle n'était pas encore terminée lorsqu'un terrible incendie allumé par le feu du ciel la détruisit, en 1194, ne laissant subsister que les cryptes et la façade avec ses deux clochers. Les travaux recommencèrent aussitôt, grâce aux généreux sacrifices des rois de France, du clergé, du peuple et des pèlerins; en 1220, les grandes voûtes étaient achevées, et la consécration solennelle de tout l'édifice avait lieu en 1260, en présence de saint Louis. Quelques travaux complémentaires et la chapelle de Saint-Piat furent exécutés au xive s.; au xve s., la chapelle de Vendôme fut accolée au côté S. de la nef; après 1506, on refit en pierre le couronnement en plomb du clocher Neuf, qui avait été détruit par la foudre. En 1836, un nouvel incendie consuma toutes les grandes charpentes, qui étaient une merveille dans leur genre; elles ont été remplacées depuis par un comble en fer. — La longueur totale de Notre-Dame est de 134 mèt., les grandes voûtes ont 36 mèt. de hauteur et la nef centrale 16 mèt. 40 c. d'axe en axe des piliers. L'église a la forme d'une croix; la nef, le transsept ou bras transversal et le chœur sont entourés de bas-côtés qui se doublent autour de l'abside et y donnent accès à des chapelles. La façade principale, tournée à l'O., suivant l'usage ancien, se compose d'une partie centrale et des deux grosses tours. La partie centrale à son tour se compose de trois portes surmontées de trois fenêtres et formant avec elles un précieux reste de l'église détruite en 1194. Les statues et les statuettes, au nombre d'environ 700, qui ornent les trois portes sont d'exécution assez grossière mais présentent un ensemble monumental. Elles figurent des sujets de la Vie du Christ et de la Vierge et des allégories relatives au calendrier. Au-dessus des trois fenêtres s'épanouit une magnifique rose du xiiie s., du dessin le plus gracieux, et au-dessus de la rose est une galerie abritant seize statues de rois de Juda. Une Vierge honorée par deux anges occupe le centre du fronton, et au sommet se dresse une statuette du Christ bénissant. Les deux tours sont du milieu du xiie s., celle de g., jusqu'à la naissance du comble de la nef, celle de dr. tout entière. Cette dernière, dite le *Clocher-Vieux*, venait à peine de voir poser son couronnement lorsque éclata l'incendie de 1194. Elle l'emporte sur l'autre, bien qu'elle soit moins élevée (106 mèt. 50 c.); la majesté et l'harmonie de ses proportions, son inébranlable solidité, l'ampleur de ses détails et l'art avec lequel sa flèche octogonale, la plus grande qui existe, se marie avec la tour carrée qui la supporte, en font une auvre monumentale parfaite. Le *Clocher-Neuf*, dont toutes les parties supérieures datent de 1506 à 1514, est plus élégamment découpé, plus hardi; mais lui aussi peut être considéré comme une merveille de l'architecture. Sa hauteur est de 115 mèt.; la flèche moderne de la cathédrale de Rouen (148 mèt.) est seule plus haute en France. — Les portails latéraux, qui datent en entier du XIIIe s., sauf quelques retouches du XIVe s., étonnent par la grandeur de leurs dispositions, par le luxe, la variété et la perfection de leurs sculptures, qui s'étendent sur toute l'étendue des porches. Les sujets des statues et des

Porte Guillaume, à Chartres.

bas-reliefs se rapportent à l'Ancien Testament, à des scènes ou à des allégories de la vie du Christ et de la Vierge, aux paraboles du Nouveau Testament; quelques statues, particulièrement remarquées, représentent les sciences, les arts, les vices, les vertus, parmi lesquelles on voit figurer la force corporelle et la santé. Au-dessus de chaque porche est une grande rose, surmontée ou accompagnée de statues. Chaque façade latérale est flanquée de deux tours, qui sont restées inachevées; à la naissance de l'abside se dressent deux autres tours, également inachevées, ce qui porte à sept le nombre des clochers de Notre-Dame.

— Les murs latéraux de la nef et du chœur participent de l'originalité générale de la cathédrale de Chartres, où rien n'est commun ni vulgaire et où tout s'unit pour frapper vivement l'imagination. La pierre dont l'édifice est bâti, calcaire rugueux tiré des carrières de Berchères-l'Évêque, contribue elle-même à cet aspect monumental. Les hautes fenêtres, d'un dessin particulier, ont chacune une belle rosace ; elles sont séparées par des arcs-boutants uniques dans leur genre : ce sont deux énormes quarts de cercle superposés et concentriques, reliés par des arcatures à colonnettes et formant ainsi un fragment de roue gigantesque. — L'intérieur de Notre-Dame offre moins d'originalité que l'extérieur, mais on y retrouve la majesté des proportions, unie cette fois à une extrême sobriété de sculpture. Sa principale richesse est dans sa collection de vitraux du XIII° s., qui n'a de rivale en France que dans la cathédrale de Bourges. Les plus resplendissantes de ces verrières sont celles qui remplissent les trois fenêtres de la façade ; ce sont aussi les plus anciennes (fin du XII° s.) ; les autres ont été restaurées de nos jours. Le chœur est entouré d'une clôture en pierre qui, comme les portails et les clochers, passe pour un chef-d'œuvre. Elle fut commencée vers 1510 par Jean de Beauce, l'architecte du Clocher-Neuf, et terminée seulement sous Louis XIV. Ses statues et ses bas-reliefs résument la vie du Christ et de la sainte Vierge. Au-dessus de l'autel est une Assomption en marbre, par Bridan (XVIII° s.), qui est aussi l'auteur de six bas-reliefs placés autour du sanctuaire. A g. du chœur est la *Vierge du Pilier*, vénérée par de nombreux pèlerins, dans une chapelle somptueusement décorée. La chapelle terminale du rond-point présente deux statues modernes. De l'abside, un escalier et un couloir conduisent à la belle *chapelle Saint-Piat*, corps de bâtiment distinct de l'église et ajouté au XIV° s. Restaurée en 1879 et 1880, elle renferme de beaux vitraux et quelques objets d'art. — Le *trésor* de la cathédrale de Chartres, autrefois l'un des plus riches de la chrétienté, se compose aujourd'hui presque uniquement d'un reliquaire moderne (1822) en bronze doré, renfermant le voile de la sainte Vierge. Cette relique fut envoyée, dit-on, à Charlemagne par l'impératrice Irène, et donnée à la cathédrale par Charles le Chauve, vers 876. Elle se compose de deux morceaux de soie blanche écrue, enveloppés dans une autre étoffe que l'on croit avoir été un voile de l'impératrice Irène.

Le dallage de la nef présente dans sa partie moyenne un *labyrinthe* de 294 mèt. de développement, formé de onze bandes de pierre blanche, dont les intervalles sont remplis en pierre bleue de Senlis.

Le *buffet d'orgues* date de l'époque de transition du style ogival au style de la Renaissance.

La *crypte* (XI° s.), la plus vaste de France, mesure 110 mèt. de longueur totale, ou 220 mèt. de circuit, sur une largeur moyenne de 5 à 6 mèt.; elle s'étend sous les collatéraux de la nef et du chœur de l'église supérieure. Quatre autres galeries plus étroites, construites après l'incendie de 1194, règnent sous les bas-côtés du transsept. On y pénètre soit par les tours, soit par une porte romane précédée d'un passage à ciel ouvert, à dr. du chœur ; puis on descend dans la galerie du S. A g. se trouve un bas-relief gallo-romain. La chapelle Saint-Martin renferme les débris du jubé de la cathédrale (XIII° s.) et le sarcophage de saint Calétric (VI° s.), évêque de Chartres. La chapelle Saint-Clément-et-Saint-Denis contient les restes d'une fresque. — Près de la chapelle Saint-Nicolas se voit une piscine surmontée d'une fresque du XIII° s.; plus loin sont les fonts baptismaux du XII° s. En revenant sur ses pas jusqu'à la porte par laquelle on est entré, on trouve à dr. sept chapelles, construites ou considérablement remaniées au XIII° s. : ce sont les chapelles Sainte-Anne, Saint-Jean (peintures murales modernes), Saint-Joseph, etc. Le reste de la crypte est voûté en arêtes sur nervures (XI° s.). En face de la chapelle Sainte-Véronique (sacristie), se trouve l'entrée d'un

Château de Châteaudun.

caveau où l'on conservait les reliques des martyrs, et où plus tard on mit en sûreté, durant les guerres, les richesses du trésor de la cathédrale. Ce caveau a été transformé en une chapelle dédiée à saint Lubin. Dans la galerie du N., la *chapelle de Notre-Dame-sous-Terre* occupe, dit-on, l'emplacement de la grotte dans laquelle les Druides vénéraient « la Vierge qui devait enfanter ». La statue qu'ils y avaient érigée, conservée par les chrétiens, fut détruite en 1020, suivant les uns, en 1793 seulement, suivant les autres. La statue actuelle (1857) reproduit la statue primitive. La décoration de la chapelle est l'œuvre de Paul Durand, de Chartres; les fresques de la voûte et de la partie supérieure des murs sont de 1644; sous ces peintures on en a découvert d'autres du XIII° s. Près de l'autel de Notre-Dame-sous-Terre, se voyait autrefois le *puits des Saints-Forts*, où furent jetés des martyrs au temps de l'empereur Claude. Plusieurs portions de murs, dans la partie voisine, remontent à l'époque romaine. A dr. de la chapelle de Notre-Dame-sous-Terre se trouve la chapelle des *Saints-Forts*, où l'on remarque un magnifique *triptyque* du XIII° s. en chêne sculpté, recouvert de cuivre doré et émaillé.

Saint-Pierre ou *Saint-Père* (mon. hist.) appartenait autrefois à une riche abbaye, fondée par Clovis et dont les religieux firent, sur les plans d'un des leurs nommé Hilduard, rebâtir somptueusement leur basilique, de 1140 à 1165. L'édifice fut de nouveau presque en entier renouvelé au XIII° s. La tour, machevée, qui s'élève à l'O., est romane ; le déambulatoire et ses chapelles appartiennent à l'œuvre du moine Hilduard. On remarque surtout à l'intérieur du monument : des vitraux des XIII°, XIV° et XV° s., une statue de la Vierge par Bridan, l'épitaphe (1037) de l'archevêque de Rouen Robert, fils de Richard I°, duc de Normandie, une tombe du XIII° s. et surtout, dans la chapelle absidale, des émaux représentant les Apôtres et exécutés, de 1545 à 1547 par Léonard Limousin, sur les dessins du peintre Rochetel, aux frais du roi François I°. — *Saint-Aignan* (mon. hist.) date du XIII° et surtout des XV° et XVII° s.; la crypte, sous le chœur, est du XV° s. — *Saint-Martin-au-Val* (mon. hist.), aujourd'hui chapelle de l'hôpital Saint-Brice, est un curieux édifice du XII° s. (tombeau de Mgr de Montals, évêque de Chartres) dont la crypte renferme des chapiteaux et autres fragments gallo-romains. — *Saint-André*, église convertie en magasin et bâtie sur une crypte romane, date des XI° et XV° s. — *Sainte-Foy*, vaste chapelle du XV° s., a été décorée de nos jours avec plus de luxe que de goût. — *Notre-Dame de la Brèche*, érigée en mémoire de la levée du siège de Chartres par les huguenots, en 1568, a été rebâtie en 1843.

Hôtel de ville, du XVII° s., renfermant un *musée* (150 toiles environ, dont une de Zurbaran; objets d'art, armes et armures anciennes, faïences; coupe du XII° s. dite de Charlemagne; armure de Philippe le Bel ; antiquités, armes de Marceau ; près de 9000 médailles; tapisseries flamandes du XVI° s.) et une *bibliothèque* de 80,000 vol. et 900 manuscrits. — *Ancien hôtel de ville* en partie du XIII° s. — *Archives* très riches, dans un bâtiment annexe de la préfecture. — *Théâtre* (1861). — Bel *évêché* du XVII° s. — *Grand séminaire*, de la même époque. — *Petit séminaire*, à Saint-Chéron ; chapelle construite avec les matériaux de l'église Saint-Sanctin de Chuisnes et renfermant trois bas-reliefs du XV° s. provenant du même édifice. — *Maison de Loëns* (XII° s.; mon. hist.), ancienne dépendance du chapitre, renfermant un vaste cellier divisé en trois nefs. — *Maison* (mon. hist.) *de Claude Huvé*, médecin du XVI° s., beau spécimen de la Renaissance. — *Maison du Saumon*, en bois (XV° s.). — *Maison* du XIII° s., près de la cathédrale. — Au bas de la rue des Écuyers, *escalier de la Reine-Berthe* (XVI° s. ; mon. hist.). — Débris de *remparts*, notamment la *porte Guillaume* (XIV° s.; mon. hist.), flanquée de deux belles tours. — *Statue* du général Marceau, par Préault. — Sur la place Marceau, *pyramide* (1801) élevée en l'honneur du même héros. — *Jardin* de la Société d'horticulture.

Chassant, 527 h., c. de Thiron.

Châtaincourt, 520 h., c. de Brezolles.

Châteaudun, V. de 7.147 h., ch.-l. d'arr., sur un coteau de la rive g. du Loir, a été reconstruite après un incendie, en 1723, et de nouveau après sa destruction par les Allemands le 18 octobre 1870. ⟶ Magnifique *château* (mon. hist.) construit (966-978) par Thibaut le Tricheur, rebâti au XII° s., puis au XV° et à la fin du règne de Louis XII. Riche façade intérieure de la Renaissance (bel escalier sculpté). Gracieuse sainte chapelle (1464) à 2 étages dont un oratoire offre une fresque du XV° s. (le Jugement dernier) Donjon (XII° s.) cylindrique d'un diamètre décroissant de 17 à 16 mèt. A l'intérieur, restauré par le duc de Luynes, salles d'armes, cuisines et salles basses remarquables, petit musée d'histoire naturelle et d'antiquités. — *La Madeleine*, la princi-

Chapelle royale de Dreux.

pale église de Châteaudun, datant des XII° et XV° s. (belles arcatures romanes) et renfermant 20 stalles du XV°, 9 statues et 2 bas-reliefs du XVIII° s., dépendait avant la Révolution d'une abbaye augustine fondée au VI° s. et dont les bâtiments du XVII° s., en partie reconstruits, sont occupés par la sous-préfecture, le palais de justice et l'hôpital. — *Saint-Valérien* est un édifice assez homogène de la fin du XII° s., dominé par une flèche dentelée du XV° s., renfermant des vitraux de la Renaissance et une fresque en 15 tableaux du XIV° s. — Aux abords de la ville, du côté du chemin de fer, est la grande chapelle de *N.-D. du Champdé* (mon. hist.), des premiers temps de la Renaissance ; c'est une belle ruine dont on a fait l'entrée du cimetière. — *Saint-Jean*, dans le faubourg de ce nom, est des XII° et XV° s. — Quelques *maisons*, aux abords du château, remontent au XV° et au XVI° s. — A 1 kil. N.-E, au-dessus du Loir, chapelle du xiii° s. et autres restes de la commanderie de N.-D. de la Toissière, convertis en habitation.

Châteauneuf-en-Thimerais, 1,400 h., ch.-l. de c. de l'arrond. de Dreux. ⟶ Restes de fortifications.

Châtelets (Les), 205 h., c. de Brezolles. ⟶ Château de la Barre, bien conservé. — Église du xi° s.

Châtelliers-Notre-Dame (Les), 177 h., c. d'Illiers.

Châtenay, 545 h., c. d'Auneau.

Châtillon, 1,553 h., c. de Cloyes.

Chaudon, 785 h., c. de Nogent-le-Roi. ⟶ Église des xii°, xv° et xvii° s.; beaux vitraux modernes; bons tableaux; anciennes statues en pierre de sainte Véronique et de saint Laurent.

Chauffours, 202 h., c. d'Illiers.

Chaussée-d'Ivry (La), 480 h., c. d'Anet.

Chêne-Chenu, 316 h., c. de Châteauneuf.

Cherisy, 812 h., c. de Dreux.

Chuisnes, 619 h., c. de Courville. ⟶ Restes d'un aqueduc romain.

Cintray, 95 h., c. (Nord) de Chartres.

Civry, 609 h., c. de Châteaudun.

Clévilliers-le-Moutiers, 511 h., c. (Nord) de Chartres.

Cloyes, 2,578 h., ch.-l. de c. de l'arr. de Châteaudun, au confluent du Loir (beau pont) et du Droué. ⟶ Clocher du xv° s. — Maisons du xvi° s.

Coltainville, 593 h., c. (Nord) de Chartres.

Combres, 756 h., c. de Thiron.

Conie-Molitard, 553 h., c. de Châteaudun. ⟶ Beau clocher circulaire, reste de l'ancien château. — Église romane; beau portail.

Corancez, 282 h., c. (Sud) de Chartres. ⟶ Polissoir mégalithique (mon. hist.), dit la Pinte de Saint-Martin.

Cormainville, 602 h., c. d'Orgères.

Corvées-les-Yys (Les), 555 h., c. de la Loupe. ⟶ Pierres mégalithiques.

Coudray (Le), 627 h., c. (Sud) de Chartres. ⟶ Église du xiii° s.

Coudray-au-Perche, 603 h., c. d'Authon. ⟶ Belle église du xvi° s. — Château de Montgraham, restauré.

Coudreceau, 688 h., c. de Thiron. ⟶ Église du xvi° s. — Château moderne de Morissure, près des ruines d'un manoir du xv° s.

Coulombs, 665 h., c. de Nogent-le-Roi. ⟶ Restes d'une abbaye fondée au viii° ou au ix° s.; très beau portail du xi° s.; ruines du clocher. — Belle église paroissiale de 1702, renfermant des objets d'art de l'époque.

Courbehaye, 374 h., c. d'Orgères.

Courtalain, 758 h., c. de Cloyes. ⟶ Magnifique château de 1442 (mon. hist.), bâti par la famille d'Avaugour et ayant appartenu à celle de Montmorency; parc très étendu et serres considérables. — Hospice créé par M. le duc de Montmorency.

Courville, 1,740 h., ch.-l. de c. de l'arr. de Chartres, sur l'Eure. ⟶ Dans l'église (xvi° s.), maître-autel dont le baldaquin est soutenu par de belles colonnes torses. — Maisons anciennes.

Crécy-Couvé, 255 h., c. de Dreux. ⟶ Vestiges d'un magnifique château où la marquise de Pompadour séjourna plusieurs fois de 1748 à 1757. — Croix très curieuse sur la place du Marché. — Vestiges d'un camp dit des Anglais.

Croisilles, 263 h., c. de Nogent-le-Roi. ⟶ Belle croix haute de 3 mèt., en grès sculpté.

Croix-du-Perche (La), 420 h., c. de Thiron. ⟶ Dans l'église, peinture à fresque du xvi° s.

Crucey, 586 h., c. de Brezolles. ⟶ Château de la Choltière (xvi° s.).

Dambron, 213 h., c. d'Orgères.

Dammarie, 1,236 h., c. (Sud) de Chartres.

Dampierre-sous-Brou, 567 h., c. de Brou.

Dampierre-sur-Avre, 530 h., c. de Brezolles. ⟶ Mégalithes.

Dampierre-sur-Blévy, 246 h., c. de Senonches.

Dancy, 423 h., c. de Bonneval.

Dangeau, 1,369 h., c. de Brou.

Dangers, 194 h., c. de Courville.

Denonville, 534 h., c. d'Auneau. ⟶ Château du xvii° ou du xviii° s., précédé d'une avenue de 1,200 mèt., plantée d'ormes; beau jardin et parc.

Digny, 1,101 h., c. de Senonches. ⟶ Jolie église moderne.

Dommerville, 231 h., c. de Janville. ⟶ Beau château moderne.

Donnemain-Saint-Mamès, 484 h., c. de Châteaudun.

Douy, 495 h., c. de Cloyes. ⟶ Château d'Ancize (XVIe s.). — Menhir et dolmen.

Dreux, V. de 9,364 h., ch.-l. d'arr., dans la vallée de la Blaise, qui s'y divise en plusieurs bras et se jette dans l'Eure, au N.-E., dominée au N. par un coteau que couronnent la Chapelle royale et les ruines entourées de verdure de l'ancienne forteresse. ⟶ L'*église Saint-Pierre* (mon. hist.) appartient à plusieurs époques. Le portail et le croisillon N. du transsept, le chœur, les voûtes et les piles cylindriques qui séparent les chapelles des nefs latérales, datent du XIIe ou du XIIIe s. La grande nef, les chapelles des nefs latérales et le pourtour du chœur sont du XVe s. La façade O. offre : un beau portail creusé en ogive et flanqué de deux tours inachevées; une rosace centrale et de charmants détails de sculptures mutilés. Le portail N. a été également très maltraité. Les verrières, en partie restaurées, sont du célèbre peintre P. Courtois (XVIe s.). Une des chapelles (côté S.) contient des peintures murales historiques : d'abord une longue suite de pèlerins à genoux, et au-dessous les noms des habitants de Dreux qui ont fait le pèlerinage de Saint-Jacques-de-Compostelle, aux XVIIe et XVIIIe s.; puis, en face de l'autel, un cavalier armé et, au-dessous, l'épitaphe de Mercœur de France, mort en 1562. Dans la chapelle parallèle (côté N.), la muraille est couverte par une grande peinture du XVe s. (la Glorification des élus). On remarque aussi : un bénitier du XIIe s.; le buffet d'orgues (1614); la chaire; les stalles; des pierres tombales, etc. — Du *château* comtal, démantelé en 1593, il ne subsiste que quelques ruines, entourées de massifs de verdure et d'un aspect pittoresque. Dans cette enceinte s'élevait jadis, sur le plateau de la colline qui domine la ville au N., une ancienne église qu'a remplacée la *Chapelle royale* destinée à la sépulture des membres de la famille d'Orléans. Commencée en 1816 par la duchesse douairière d'Orléans, cette nécropole renferme, à l'entrée de la chapelle, les tombeaux de la duchesse de Bourbon-Condé, mère du duc d'Enghien, et, vis-à-vis, ceux du duc de Penthièvre, de la princesse Marie, duchesse de Wurtemberg (au-dessus, remarquable statue de la *Résignation*, dernière création de la royale artiste), de Mlle de Montpensier (jolie statuette de Pradier), d'un enfant du prince de Joinville, des enfants du duc d'Aumale, etc. On descend dans le grand caveau situé sous la coupole et dans les cryptes inférieures par les extrémités N. et S. de cette crypte supérieure. En face de l'ouverture du N. commence la série des beaux vitraux (histoire de saint Louis) d'après Rouget, Jacquand, E. Delacroix, Roussel (le Combat de Taillebourg), Wattier, H. Vernet, Bouton, H. Flandrin. Le grand caveau circulaire contient douze tombeaux, dont l'un renferme les restes du prince de Conti. Au centre est le tombeau de Louis-Philippe (beau groupe par Mercié), dont les restes ont été inhumés à Dreux, le 9 juin 1876. Au-dessous est le caveau du duc de Penthièvre. — L'*hôtel de ville* (mon. hist.), terminé en 1557 et construit en grande partie par le premier des Métezeau (style gothique avec quelques détails de la Renaissance), conserve encore un grand intérêt architectural, malgré de nombreuses mutilations. A l'intérieur : vastes et belles salles; magnifique escalier en pierre (142 marches); petite bibliothèque (belles boiseries); cheminée sculptée de la Renaissance; charmante porte sculptée, provenant du château de Crécy; anciennes armures; cloche municipale, fondue sous Charles IX, etc. — *Statue* du poète J. de Rotrou.

Droue, 280 h., c. de Maintenon.

Écluzelles, 152 h., c. de Dreux. ⟶ Église du XVIe s. — Demi-dolmen et peulven dit Pierre des Druides.

Écrosnes, 692 h., c. de Maintenon.

Écublé, 402 h., c. de Châteauneuf.

Épeautrolles, 218 h., c. d'Illiers.

Épernon. 2,396 h., c. de Maintenon. ⟶ Église des xv⁰ et xvi⁰ s. — Ruines de l'église Saint-Thomas (xi⁰ s.). — Ruines du château, bâti au xi⁰ s. par les comtes de Montfort-l'Amaury. — Belle salle souterraine voûtée du xiii⁰ s., appelée les Pressoirs d'Épernon. — Bâtiment du xiv⁰ s. appelé le Doyenné. — Maison du xv⁰ s. — Monument érigé à la mémoire des soldats qui défendirent Épernon contre les Allemands en 1870.

Ermenonville-la-Grande, 403 h., c. d'Illiers.

Ermenonville-la-Petite, 287 h., c. d'Illiers.

Escorpain, 240 h., c. de Brezolles. ⟶ Château du xii⁰ s., restauré.

Étilleux (Les), 583 h., c. d'Authon. ⟶ Église des xii⁰ et xiii⁰ s.

Fains-la-Folie, 585 h., c. de Voves.

Faverolles, 475 h., c. de Nogent-le-Roi. ⟶ Église du xiii⁰ s.

Favières, 269 h., c. de Châteauneuf. ⟶ Ruines d'un château fort.

Favril (Le), 582 h., c. de Courville.

Ferté-Vidame (La), 960 h., ch.-l. de c. de l'arr. de Dreux. ⟶ Dans l'église (1660), beau tableau de la Cène ; caveau funéraire de la famille de Saint-Simon. — Château féodal et château du xviii⁰ s., ruinés. — Château moderne ; parc admirablement percé et eaux abondantes formant six étangs.

Ferté-Villeneuil (La), 666 h., c. de Cloyes.

Fessanvilliers - Mattanvilliers, 187 h., c. de Brezolles.

Feuilleuse, 95 h., c. de Senonches. ⟶ Château de la Barberie (xvii⁰ s.). — Débris d'une ancienne ville sur une étendue d'env. 8 kil. — Restes d'un camp et d'une forteresse, aux Chastelets.

Flacey, 500 h., c. de Bonneval. ⟶ A 5 kil. O., château de Moresville.

Fontaine-la-Guyon, 540 h., c. de Courville. ⟶ A l'église, reliques de saint Gourgon. — Château du xvii⁰ s.

Fontaine-les-Ribouts, 215 h., c. de Châteauneuf.

Fontaine-Simon, 639 h., c. de la Loupe. ⟶ Maisons en bois du xiv⁰ s. — Château ruiné de la Ferrière.

Fontenay-sur-Conie, 490 h., c. d'Orgères. ⟶ Château du xv⁰ s. — Ruines de la chapelle du prieuré de Notre-Dame de Fontenay (xii⁰ s.).

Fontenay-sur-Eure, 561 h., c. (Sud) de Chartres.

Framboisière (La), 287 h., c. de Senonches.

Francourville, 717 h., c. d'Auneau. ⟶ Église du xii⁰ s. — Ancienne chapelle servant de mairie.

Frazé, 1,168 h., c. de Thiron. ⟶ Église ; nef du xii⁰ s. — Ruines des châteaux forts de Frazé et du Châtellier. — Château Cormier (xvi⁰ s.). — Château de Carahu (1577).

Fresnay-le-Comte, 598 h., c. (Sud) de Chartres.

Fresnay-l'Évêque, 871 h., c. de Janville. ⟶ Vieille grange remarquable.

Fresnay-le-Gilmert, 185 h., c. (Nord) de Chartres.

Frétigny, 913 h., c. de Thiron. ⟶ Église : portail et fonts baptismaux intéressants.

Friaize, 535 h., c. de la Loupe.

Fruncé, 442 h., c. de Courville.

Gallardon, 1,584 h., c. de Maintenon. ⟶ Église des xii⁰ et xvi⁰ s. (mon. hist.); clocher élevé, tourelles et pinacles ; belle charpente du xv⁰ s. — Épaule de Gallardon, curieux débris d'un donjon cylindrique du xi⁰ s. — Belle maison en bois du xvi⁰ s. (mon. hist.).

Garancières-en-Beauce, 202 h., c. d'Auneau. ⟶ Souterrains celtiques. — L'église (xiii⁰ s.), autrefois ceinte d'une muraille à meurtrières, servait de forteresse ; clocher du xvi⁰ s.

Garancières-en-Drouais, 196 h., c. de Dreux.

Garnay, 487 h., c. de Dreux. ⟶ Deux buttes énormes, éloignées l'une de l'autre de 2 kil., et entourées de fossés larges et profonds.

Gas, 406 h., c. de Maintenon.

Gasville, 741 h., c. (Nord) de Chartres.

Gâtelles, 506 h., c. de Châteauneuf. ⟶ A Belluet, forteresse ruinée.

Gaudaine (La), 216 h., c. de Nogent-le-Rotrou.

Gault-Saint-Denis (Le), 781 h., c. de Bonneval.

Gellainville, 250 h., c. (Sud) de Chartres. ⟶ Monument mégalithique.

Germainville, 277 h., c. de Dreux.

Germignonville, 635 h., c. de Voves. ⟶ Château de Cambray (xviie s.).

Gilles, 307 h., c. d'Anet. ⟶ Clocher octogonal, flanqué d'élégants contreforts en grès. — Château de

Épaule de Gallardon.

Vitré (xvie s.), très bien conservé; porte flanquée de deux tours.

Gironville, 242 h., c. de Châteauneuf. ⟶ Ancienne chapelle convertie en grange.

Gohory, 415 h., c. de Brou.

Gommerville, 422 h., c. de Janville.

Gouillons (Les), 453 h., c. de Janville.

Goussainville, 563 h., c. d'Anet. ⟶ Château d'Orval (xvie s.), récemment restauré.

Grandville-Gaudreville, 266 h., c. de Janville. ⟶ Restes du château de Gaudreville. — Près de Gaudreville, deux dolmens, appelés le Loup de Thionville, ou la Grosse-Pierre, et le Grès de Linas.

Guainville, 408 h., c. d'Anet. ⟶ Église du xv⁰ et du xvɪ⁰ s.; pierres tombales très frustes. — Château en ruines, au Pré-de-Launay. — Château de Primart (xvɪɪɪ⁰ s.); beau parc. — A Villette, ruines d'un village détruit au xvɪ⁰ s.

Gué-de-Longroi (Le), 511 h., c. d'Auneau. ⟶ Église des xɪv⁰ et xv⁰ s.

Guilleville, 360 h., c. de Janville. ⟶ Souterrains-refuges à Boinville et à Marray.

Guillonville, 886 h., c. d'Orgères.

Hanches, 871 h., c. de Maintenon. ⟶ Vieux clocher.

Happonvilliers, 557 h., c de Thiron.

Havelu, 178 h., c. d'Anet. ⟶ Église en grande partie du xɪv⁰ s.

Houville, 365 h., c. d'Auneau. ⟶ Église des xɪv⁰ et xv⁰ s.; flèche en bois de 50 mèt.

Houx, 286 h., c. de Maintenon.

Illiers, 2,860 h., ch.-l. de c. de l'arr. de Chartres, sur le Loir. ⟶ Église Saint-Jacques (xɪv⁰ s.). — Ruines féodales.

Intreville, 260 h., c. de Janville.

Jallans, 391 h., c. de Châteaudun.

Janville, 1,263 h., ch.-l. de c. de l'arr. de Chartres. ⟶ Restes des fortifications. — Tour de l'église, haute de 35 mèt.

Jaudrais, 291 h., c. de Senonches. ⟶ Restes d'un château du xɪɪ⁰ s.

Jouy, 865 h., c. (Nord) de Chartres. ⟶ Église du xv⁰ s.

Lamblore, 289 h., c. de la Ferté-Vidame.

Landelles, 331 h., c. de Courville.

Langey, 686 h., c. de Cloyes. ⟶ Ruines du château de la famille du Bellay. — Maison ruinée de Rabelais, avec un buste au-dessus de la porte d'entrée. — A Villebelay, fontaine dite de Jules César.

Lanneray, 774 h., c. de Châteaudun.

Laons, 637 h., c. de Brezolles.

Léthuin, 267 h., c. d'Auneau.

Levainville, 262 h., c. d'Auneau. ⟶ Petit pavillon, seul reste de l'ancien château.

Lèves, 1,225 h., c. (Nord) de Chartres. ⟶ Vaste caverne dans laquelle, dit-on, enseignaient les Druides. — Fontaine de Miscouard, que les Druides regardaient comme sacrée. — A Josaphat, restes d'une abbaye fondée en 1119 et convertie en hospice-hôpital.

Levéville, 406 h., c. de Janville.

Logron, 724 h., c. de Châteaudun.

Loigny, 508 h., c. d'Orgères. ⟶ Belle église romane moderne.

Lormaye, 429 h., c. de Nogent-le-Roi.

Loupe (La), 1,617 h., ch.-l. de c. de l'arr. de Nogent-le-Rotrou. ⟶ Église du xvɪ⁰ s. — Château bâti sous Henri IV, et remanié sur les plans de Vauban. — Chêne séculaire, dont le tronc a 6 mèt. de tour.

Louville-le-Chenard, 533 h., c. de Voves.

Louvilliers-en-Drouais, 87 h., c. de Dreux. ⟶ Église du xɪɪɪ⁰ s., agrandie au xvɪ⁰.

Louvilliers-lès-Perche, 225 h., c. de Senonches. ⟶ Château féodal du Paradis, converti en ferme.

Lucé, 658 h., c. (Nord) de Chartres.

Luigny, 751 h., c. d'Anthon.

Luisant, 873 h., c. (Sud) de Chartres. ⟶ Pont biais d'une arche, l'un des premiers construits en ce genre.

Lumeau, 454 h., c. d'Orgères.

Luplanté, 472 h., c. d'Illiers. ⟶ Dans l'église, curieuse inscription.

Luray, 259 h., c. de Dreux.

Lutz, 691 h., c. de Châteaudun.

Magny, 523 h., c. d'Illiers.

Maillebois, 418 h., c. de Châteauneuf. ⟶ Château du xvɪ⁰ s. — Belles halles.

Maintenon, 2,057 h., ch.-l. de c. de l'arrond. de Chartres, au confluent de l'Eure et de la Voise. ⟶ Le *château* (mon. hist.), élevé par Jean Cottereau, trésorier des finances sous Louis XII et François I⁰ʳ, fut, en 1674, acheté par Louis XIV, qui en fit don à Françoise d'Aubigné, créée marquise de Maintenon en 1688. C'est à Jean Cottereau qu'est également due la jolie *chapelle collégiale.* Mme de Maintenon fit construire l'aile dr. du château, entre la grosse tour carrée et l'entrée principale; puis l'aile g., reliée à la chapelle, et la galerie (portraits des membres de la famille de Noailles), qui occupe le 1er étage. A l'intérieur, vitraux du XVIe s.; souvenirs de Mme de Maintenon, portraits, œuvres d'art, bibliothèque, etc. Mme de Maintenon agrandit le *parc*; Le Nôtre y dessina un parterre, construisit le grand canal qui passe sous l'aqueduc, et planta les deux grandes avenues. 50 ponts traversent les canaux, la Voise et l'Eure. — On voit dans le parc les ruines du gigantesque *aqueduc* (mon. hist.) sur lequel Louis XIV avait entrepris de faire passer les eaux de l'Eure pour les amener dans les jardins de Versailles. Cet aqueduc devait être construit en maçonnerie sur une longueur d'environ 4,000 mèt., à l'endroit le plus profond de la vallée; il devait s'élever sur trois rangs d'arcades; le premier rang (30 mèt. de haut.) seul a été construit : il se compose de 47 arcades de 13 mèt. d'ouverture chacune, sur 14 mèt. 60 de profondeur et 975 mèt. de longueur totale. Les travaux, commencés en 1684 par 30,000 ouvriers, interrompus lors de la guerre de 1688, ne furent jamais repris. — A la mairie, buste de Collin-d'Harleville.

Mainterne, 150 h., c. de Brezolles.

Mainvilliers, 1,372 h., c. (Nord) de Chartres. ⟶ Ancien château avec parc.

Maisons, 345 h., c. d'Auneau.

Mancelière (La), 221 h., c. de Brezolles. ⟶ Château du XVIIIe s. — Belle fontaine à Montmureau.

Manou, 630 h., c. de la Loupe. ⟶ Château fort, ayant appartenu, au XIIIe s., à Blanche de Castille.

Marboué, 948 h., c. de Châteaudun. ⟶ Église; beau clocher du XVe s. — Château des Coudreaux, du XVIIIe s., flanqué de tours plus anciennes et ayant appartenu au maréchal Ney. — Belle et grande mosaïque romaine. — Peulven à Saint-Lubin-d'Isigny.

Marchéville, 529 h., c. d'Illiers.

Marchezais, 86 h., c. d'Anet.

Margon, 488 h., c. de Nogent-le-Rotrou. ⟶ Mégalithe. — Dans l'église, parties du XIe et du XVe s. — Ancienne chapelle convertie en grange.

Marolles, 526 h., c. de Thiron. ⟶ Église du XIIe s.; chœur et partie supportant le clocher, du XVe au XVIe s.; ancienne peinture murale (la Danse macabre) recouverte de badigeon. — Dans la tour de l'ancien château en ruine, pierre tombale avec statue d'un chevalier.

Marsauceux, com. de Mézières-en-Drouais. ⟶ Temple protestant.

Marville-les-Bois, 335 h., c. de Châteauneuf.

Marville-Moutier-Brûlé, 612 h., c. de Dreux. ⟶ Église du Xe s. — Anciens châteaux de Bainville et d'Imbermais.

Meaucé, 348 h., c. de la Loupe. ⟶ Grande Maison, reste d'un château détruit.

Mée (Le), 566 h., c. de Cloyes.

Méréglise, 157 h., c. d'Illiers. ⟶ Pierre mégalithique.

Mérouville, 587 h., c. de Janville. ⟶ Souterrain-refuge à Sampuis.

Mervilliers, 120 h., c. de Janville. ⟶ Bas-relief très curieux en pierre, du XIIe s., au-dessus de la porte latérale de l'église. — Demi-dolmen dit du Mesnil.

Meslay-la-Grenet, 358 h., c. d'Illiers.

Meslay-le-Vidame, 515 h., c. de Bonneval. ⟶ Beau château du XVIIe s., vaste parc.

Mesnil-Simon (Le), 315 h., c. d'Anet. ⟶ Dans l'église, pierre tumulaire sculptée (XIIe s.) représentant un seigneur du Mesnil-Simon et sa femme, restes d'un magnifique vitrail du XIIe s. — Château ruiné du XVIe s., ayant appartenu à la famille de Malebranche. — Au cimetière, monument érigé à la mémoire de Malebranche au XVIIIe s., détruit pendant la Révolution et rétabli en 1850.

Mesnil-Thomas (Le), 426 h., c. de Senonches. ⟶ Château de la Salle, détruit en partie et entouré de larges fossés.

Mévoisins, 298 h., c. de Maintenon.

Villa de Collin-d'Harleville ; l'ancienne porte d'entrée est surmontée du buste du poète avec une inscription en vers.

Mézières-au-Perche, 258 h., c. de Brou.

Mézières-en-Drouais, 747 h. (avec *Marsauceux*), c. de Dreux.

Miermaigne, 480 h., c. d'Authon.

Mignières, 567 h., c. (Sud) de Chartres. ⟶ Château féodal de Spoir. — Chapelle des Trois-Maries (mon. hist.).

Mittainvilliers, 374 h., c. de Courville. ⟶ Église des XII° et XVI° s.

Moinville-la-Jeulin, 218 h., c. d'Auneau.

Moléans, 451 h., c. de Châteaudun. ⟶ Manoir seigneurial.

Mondonville-Saint-Jean, 216 h., c. d'Auneau.

Montainville, 545 h., c. de Voves. ⟶ Dolmen.

Rue Saint-Laurent, à Nogent-le-Rotrou.

Montboissier, 520 h., c. de Bonneval. ⟶ Monuments mégalithiques, près de la ferme de l'Ormorice, au N. et au S. du bois de l'Isle, près de la source du Barbeton.

Montharville, 216 h., c. de Bonneval.

Montigny-le-Chartif, 915 h., c. de Thiron. ⟶ Ruines d'un château féodal, qui appartint à la famille de Rotrou, puis à Sully.

Montigny-le-Gannelon, 612 h., c. de Cloyes. ⟶ Dans l'église, reliquaire de sainte Félicité, don de Léon XII. — Beau château (mon. hist.), reconstruit à la fin du XV° s., restauré et agrandi au XIX° par le prince de Montmorency-Laval. — Restes de la porte Roland (XI° s.).

Montigny-sur-Avre, 570 h., c. de Brezolles. ⟶ Dans l'église, vitraux du XVI° s. — Château construit par Mansart. — Sur la colline, restes du château de Montuel (XI° s.), flanqué de tourelles, qui appartint aux Templiers (une statue d'un chevalier de l'ordre surmonte l'une des ouvertures du second étage), et qui dépend aujourd'hui d'un beau château moderne. — A côté, chapelle ogivale (très beaux vitraux), récemment restaurée.

Montireau, 201 h., c. de la Loupe.
⟶ Église ogivale du xvi° s. ; fonts baptismaux du xii° ; beaux vitraux.

Montlandon, 365 h., c. de la Loupe.
⟶ Vieille tour démantelée, reste d'un château fort.

Montlouet, 510 h., c. de Maintenon.

Montreuil, 505 h., c. de Dreux. ⟶ Église des xi°, xiii° et xv° s. ; restes de beaux vitraux. — A Cocherelle, dans la cour du Moulin, dolmen ; quatre pierres renversées. — Chapelle de No-

Château de Nogent-le-Rotrou.

tre-Dame de la Ronde (xii° s.), servant d'habitation, dans la forêt de Crotay. — A Pantoufle, château ruiné de la Robertière.

Morainville, 62 h., c. d'Auneau.

Morancez, 416 h., c. (Sud) de Chartres. ⟶ Église du x° s. — Monuments mégalithiques dont les pierres ont été employées, pour la plupart, à l'entretien des routes. — A Gourdez,

deux châteaux, dont l'un a servi de résidence au prince Jérôme Bonaparte.

Moriers, 418 h., c. de Bonneval.
⟶ Dolmen de la Pierre Couverclée.

Morvilliers, 243 h., c. de la Ferté-Vidame.

Mottereau, 251 h., c. de Brou.

Moulhard, 525 h., c. d'Authon.

Moutiers, 489 h., c. de Voves.

Néron, 457 h., c. de Nogent-le-Roi.

Neuvy-en-Beauce, 573 h., c. de Janville.

Neuvy-en-Dunois, 779 h., c. de Bonneval. ⟶ Dolmen de la Couvre-Claire.

Nogent-le-Phaye, 762 h., c. (Sud) de Chartres.

Nogent-le-Roi, 1,575 h., ch.-l. de c. de l'arr. de Dreux, sur l'Eure. ⟶ Église (mon. hist.) du xvie s. ; beaux vitraux ; créneaux au-dessus de la porte du Midi. — Quatre portes et poternes, restes des anciens murs. — Prison du xve s. — Maisons de la Renaissance.

Nogent-le-Rotrou, 8,668 h., ch.-l. d'arrond., sur l'Huisne qui y reçoit l'Arcisse et la Rhône. L'Arcisse fait tourner à Nogent trois moulins superposés. Bâtie au milieu d'un riant vallon que domine un coteau escarpé, cette ville se compose de quatre rues principales qui forment un parallélogramme irrégulier au milieu duquel s'étendent de belles et vastes prairies. ⟶ L'*église Saint-Hilaire*, sur la rive dr. de l'Huisne, comprend trois nefs de style ogival flamboyant et une abside polygonale du xiiie s. La tour date de 1560. La porte principale est du xviiie s. Un arc triomphal, remanié et décoré au xve s., précède le chœur (charmantes fenêtres), dont la voûte est une restauration moderne. — *Notre-Dame*, dans la rue Dorée, était autrefois la chapelle de l'hôpital. La porte O. est un assez curieux spécimen du style ogival primitif. A l'intérieur, les trois nefs, sans voûte, datent des xive et xve s. ; le chœur, du xiiie s. Dans le bas-côté de g., au-dessus de l'autel, une niche renferme une curieuse *crèche* à quatorze personnages. — A côté de l'église Notre-Dame, *hôtel-Dieu*, ancien hôpital, fondé en 1190. Les bâtiments actuels sont modernes, excepté la grande porte flanquée de colonnes soutenant un fronton où se voyaient, avant la Révolution, les armes de Sully, bienfaiteur de l'établissement, supportées par deux Hercules. Dans la cour se trouve un édicule hexagonal renfermant le *tombeau* (mon. hist.) du duc et de la duchesse de Sully, construit par Rachel de Cochefilet, veuve du grand ministre. On voit à l'intérieur : les statues en marbre blanc des deux illustres défunts, placées sur un piédestal décoré de leurs armes sculptées ; l'épitaphe de Sully et de Rachel de Cochefilet, rétablie en 1784 ; et, dans le jardin de l'hôtel-Dieu, un buste de Sully en bronze. — L'*église Saint-Laurent*, à trois nefs des xve et xvie s., renferme un saint-sépulcre et un bon tableau (Martyre de saint Laurent). — Contre l'abside de l'église, un passage voûté en ogive conduit aux restes du *prieuré de Saint-Denis*, fondé en 1029. Quelques bâtiments d'habitation (xvie et xviie s.) servent de tribunal et de maison d'arrêt. A g. du tribunal est le collège dont la cour est formée des restes de l'église (xie et xve s.), dont le chœur est presque intact jusqu'au-dessus du triforium ; celui-ci est une fausse galerie, dont les arcades cintrées présentent des restes de peintures fort anciennes. — La chapelle de l'*institution des sourds-muets* est un édifice moderne du style ogival primitif. — Le *château de Saint-Jean*, construit sur une colline abrupte, domine la ville et le pays environnant. La partie la plus ancienne est le *donjon*, construit de 1003 à 1030, remanié au xiie s. ; ses murs, épais de plus de 3 mèt. à la base, atteignent une hauteur de 35 mèt. Au second étage on remarque des cheminées fort curieuses. Le donjon fut démantelé en 1378. L'entrée du château, flanquée de deux belles tours à mâchicoulis, est une addition du xve s. ; mais le couloir qui la suit est contemporain du donjon. L'enceinte du château, entourée de fossés profonds, est flanquée de tours demi-cylindriques des xiie et xiiie s. Les fossés qui composent l'enceinte du château sont postérieurs, dans leur ensemble, au donjon même. — L'*hôtel de ville*, moderne, renferme la *salle de spectacle* et la *bibliothèque communale*. — Place du Marché a été érigée, en 1857, la *statue* en bronze *du général Saint-Pol*, par Delay. — *Maisons* remarquables : rue Saint-Laurent, le n° 47, dont l'inscription (de Pierre Blanche, Durand Février, je fus faicte, 1542) signifie que, en 1542, Pierre Durand et Blanche Février, sa femme, se bâtirent cette demeure ; — rue Giroust, une maison à tourelle, de 1579 ;— à l'angle de la rue du Paty et de la rue Bourg-le-Comte, une maison en bois ; — vis-à-vis, une salle du xiiiᵉ s. à haut pignon. — *Petit séminaire.*

Nogent-sur-Eure, 328 h., c. d'Illiers.
Nonvilliers-Grandhoux, 493 h., c. de Thiron.
Nottonville, 610 h., c. d'Orgères.
➡ Clocher de 1685. — Château de la Brosse, rebâti au xviiᵉ s., mais au-

Tombeau de Sully, à l'Hôtel-Dieu de Nogent-le-Rotrou.

jourd'hui détruit en grande partie ; à l'extrémité du parc, dolmen dit le Palet de Gargantua.

Oinville-Saint-Lyphard, 560 h., c. de Janville.
Oinville-sous-Auneau, 301 h., c. d'Auneau. ➡ Substructions antiques.
Oisonville, 437 h., c. d'Auneau.

➡ Château du xiiiᵉ s., restauré de nos jours.
Ollé, 508 h., c. d'Illiers.
Orgères, 702 h., ch.-l. de c. de l'ar. de Châteaudun,
Orlu, 103 h., c. d'Auneau.
Ormoy, 187 h., c. de Nogent-le-Roi.
➡ A l'église, du xiiiᵉ s., baptistère de 1174 et pierres tombales anciennes.

Orrouer, 338 h., c. de Courville. ⇒ Église des XIIe et XVe s.

Ouarville, 802 h., c. de Voves.

Ouerre, 409 h., c. de Dreux.

Oulins, 306 h., c. d'Anet. ⇒ Église offrant une voûte cintrée en bois ornée de peintures figurant le soleil, la lune et les étoiles ; bons tableaux ; statues en pierre et en bois. — Aux environs, butte féodale du château Jeannet.

Ozoir-le-Breuil, 800 h., c. de Châteaudun.

Péronville, 759 h., c. d'Orgères. ⇒ Pierres mégalithiques.

Pézy, 205 h., c. de Voves.

Pierres, 702 h., c. de Maintenon.

Pinthières (Les), 115 h., c. de Nogent-le-Roi.

Poinville, 210 h., c. de Janville.

Poinvilliers, 213 h., c. (Nord) de Chartres.

Pontgouin, 1,077 h., c. de Courville. ⇒ Dolmen ruiné. — Camp romain. — Église Saint-Lubin, de plusieurs époques ; porte romane ; beaux vitraux modernes. — Deux tours et porte d'entrée (XVIe s.) de l'ancien château des évêques de Chartres. — Château de la Rivière (XVIIe s.), bien conservé, où mourut Etienne d'Aligre, en 1635 ; il fut construit avec les débris de celui de la Plesse, détruit au XVe s., et dont on voit encore les ruines. — Pontgouin devait être le point de départ du grand canal qui devait amener les eaux de l'Eure à Versailles ; au gué du moulin de la ville, on voit encore les fondations des murs destinés à contenir l'eau du canal ; au-dessus du château de la Rivière, écluse de Boizard, immense barrage construit par Vauban pour refouler l'Eure jusqu'à Belhomert. — Magnifique château moderne des Vaux, style Louis XV ; objets d'art dans la chapelle.

Poupry, 234 h., c. d'Orgères.

Prasville, 582 h., c. de Voves. ⇒ Vieux château converti en ferme.

Pré-Saint-Évroult, 510 h., c. de Bonneval.

Pré-Saint-Martin, 337 h., c. de Bonneval.

Prouais, 463 h., c. de Nogent-le-Roi. ⇒ Clocher jadis fortifié.

Prudemanche, 280 h., c. de Brezolles. ⇒ Église ; nef du XIe s. ; chœur du XIIIe s. ; joli clocher. — Château de la Perruche (XVe s.), bien conservé ; tour carrée. — Pierres mégalithiques.

Prunay-le-Gillon, 1,210 h., c. (Sud) de Chartres. ⇒ Église du commencement du XVe s. — Dolmen.

Puisaye (La), 435 h., c. de Senonches. ⇒ Murs d'enceinte, en partie ruinés, d'un château du XIIIe s., détruit en 1793.

Puiset (Le), 539 h., c. de Janville. ⇒ Ancien hôtel-Dieu, aujourd'hui grange. — Belle église du XIe s. ; magnifique portail ; élégant maître-autel du XIVe s. — Tour ruinée du Boël, sur une butte recouvrant de vastes souterrains.

Puiseux, 139 h., c. de Châteauneuf.

Réclainville, 351 h., c. de Voves.

Ressuintes (Les), 252 h., c. de la Ferté-Vidame. ⇒ Église très ancienne ; tour carrée. — Château ruiné de la Ferté. — Belle ferme-modèle de la Richardière.

Revercourt, 90 h., c. de Brezolles. ⇒ Élégant clocher. — Ancien château d'Harescourt, converti en grange.

Rohaire, 253 h., c. de la Ferté-Vidame.

Roinville, 468 h., c. d'Auneau. ⇒ Ruines d'un prieuré du XIIIe s. — Ancien pilori.

Romilly-sur-Aigre, 605 h., c. de Cloyes. ⇒ Château du Jonchet (XVIe s.), bien conservé.

Rouvray-Saint-Denis, 601 h., c. de Janville. ⇒ Église du XIIe s.

Rouvray-Saint-Florentin, 379 h., c. de Voves. ⇒ Château de Reverseau.

Rouvres, 641 h., c. d'Anet.

Rueil-la-Gadelière, 427 h., c. de Brezolles.

Saint-Ange-et-Torcay, 370 h., c. de Châteauneuf.

Saint-Arnoult-des-Bois, 750 h., c. de Courville.

Saint-Aubin-des-Bois, 495 h., c. (Nord) de Chartres.

Saint-Avit-les-Guespières, 494 h., c. de Brou. ⇒ Dolmen de Quincampoix (mon. hist.).

Saint-Bomert, 501 h., c. d'Authon. ⟶ Château de la Grève (xiv⁰ s.).

Saint-Chéron, V. Chartres.

Saint-Chéron-des-Champs, 160 h., c. de Châteauneuf.

Saint-Christophe, 258 h., c. de Châteaudun. ⟶ Château d'Aunay.

Saint-Cloud, 343 h., c. de Châteaudun.

Saint-Denis-d'Authon-Saint-Hilaire, 845 h., c. de Thiron.

Saint-Denis-de-Monronval, 282 h., c. de Dreux.

Saint-Denis-des-Puits, 232 h., c. de la Loupe.

Saint-Denis-les-Ponts, 806 h., c. de Châteaudun.

Saint-Éliph, 800 h., c. de la Loupe.

Saint-Éman, 102 h., c. d'Illiers.

Saint-Georges-sur-Eure, 802 h., c. de Courville.

Saint-Germain-la-Gâtine, 98 h., c. (Nord) de Chartres.

Château de Villebon.

Saint-Germain-le-Gaillard, 276 h., c. de Courville.

Saint-Hilaire-sur-Yerre, 577 h., c. de Cloyes. ⟶ Ancien château du Vivier.

Saint-Jean-de-Rébervilliers, 270 h., c. de Châteauneuf.

Saint-Jean-Pierrefixte, 210 h., c. de Nogent-le-Rotrou. ⟶ Château du Grand-Prainville (xvi⁰ s.), bien conservé. — Fontaine célèbre de Saint-Jean, très limpide. — Monument mégalithique.

Saint-Laurent-la-Gâtine, 386 h., c. de Nogent-le-Roi. ⟶ Château de Boissy (xv⁰ s.).

Saint-Léger-des-Aubées, 385 h., c. d'Auneau. ⟶ Église; tour romane. — Château de Goimpy (1623) servant de tuilerie. — A la ferme de Chauvilliers, ancienne habitation de moines.

Saint-Loup, 431 h., c. d'Illiers.

Saint-Lubin-de-Cravant, 110 h., c. de Brezolles. ⟶ Ancienne maison seigneuriale.

Saint-Lubin-de-la-Haye, 651 h.,

c. d'Anet. ⟶ Château ruiné à Richeville. — Butte du Châtelet, entourée de larges fossés.

Saint-Lubin-des-Joncherets, 1,879 h., c. de Brezolles. ⟶ Église du XIe s., dénaturée par des mutilations et des reconstructions, surtout aux XVe et XVIe s.; statues en bois; fonts baptismaux du XIe s.; vitraux du XVIe (mon. hist.).

Saint-Lucien, 283 h., c. de Nogent-le-Roi. ⟶ Sur les murs de l'église, litre funèbre et restes de fresques. — Tour ruinée contiguë à l'église.

Saint-Luperce, 869 h., c. de Courville. ⟶ Aqueduc gallo-romain (enterré à 1 mèt. de profond.) en béton, long de 26 kil.

Saint-Maixme-Hauterive, 556 h., c. de Châteauneuf. ⟶ Pierres mégalithiques. — Restes de deux châteaux forts. — Château du Gland, flanqué de tours (fin du XVIIe s.). — Abbaye de Saint-Vincent, fondée au XIIe s. et convertie en une belle maison renfermant une bibliothèque de 10,000 vol., et une riche collection d'antiquités de toute nature. Il ne reste de l'église que l'abside transformée en chapelle. — Restes d'un camp.

Saint-Martin-de-Nigelles, 652 h., c. de Nogent-le-Roi. ⟶ Église du XIIIe s.

Saint-Maur, 557 h., c. de Bonneval. ⟶ A 500 mèt. du village, quatre monuments mégalithiques: un peulven renversé, deux dolmens et un berceau ou autel destiné aux sacrifices des animaux. — Château de Mémillon (XVIe s.). — Dans un petit bois, sur le Loir, monticule circulaire entouré de fossés pleins d'eau et appelé le Fort-la-Motte.

Saint-Maurice-Saint-Germain, 452 h., c. de la Loupe.

Saint-Ouen-Marchefroy, 327 h., c. d'Anet. ⟶ Ancien château de Lascane. — Cinq croix très anciennes, dites croix de France, plantées dans un petit carrefour.

Saint-Pellerin, 577 h., c. de Cloyes.

Saint-Piat, 666 h., c. de Maintenon. ⟶ Dans l'église, sarcophage du IVe s. (mon. hist.), en marbre blanc. — A Changé, monuments mégalithiques.

Saint-Prest, 943 h., c. (Nord de Chartres. ⟶ Église en partie du XIIIe s.

Saint-Remy-sur-Avre, 1,893 h., c. de Brezolles. ⟶ Belle église; vitraux du XVIe s.

Saint-Sauveur-Levasville, 328 h., c. de Châteauneuf.

Saint-Symphorien, 400 h., c. de Maintenon.

Saint-Victor-de-Buthon, 859 h., c. de la Loupe. ⟶ Église: vitraux du XVIe s. — Dans les bois, donjon carré dont les murs ont 2 mèt. 50 d'épaisseur.

Sainville, 626 h., c. d'Auneau. ⟶ Église du XVe s., autrefois fortifiée.

Sancheville, 1,038 h., c. de Bonneval.

Sandarville, 364 h., c. d'Illiers.

Santeuil, 290 h., c. d'Auneau. ⟶ Église du XIIe s. — Souterrains sous plusieurs maisons.

Santilly, 587 h., c. de Janville.

Saucelle (La), 313 h., c. de Senonches.

Saulnières, 327 h., c. de Dreux.

Saumeray, 760 h., c. de Bonneval. ⟶ Dolmen ruiné.

Saussay, 311 h., c. d'Anet. ⟶ Chapelle ruinée du XIIIe s. — Église, boiseries du chœur. — Ruines de l'abbaye de la Maison-des-Eaux, entourées de fossés qu'alimente l'Eure.

Senantes, 244 h., c. de Nogent-le-Roi. ⟶ A la ferme de Senantes, qui occupe, dit-on, l'emplacement d'un collège de Druides, belle cheminée antique; nombreuses cellules et curieux souterrains interrompus en plusieurs endroits par des éboulements.

Senonches, 1,975 h., ch.-l. de c. de l'arr. de Dreux. ⟶ Restes d'un château du XIIIe s.; donjon carré bien conservé. — Fontaine des Évées, qui donne naissance au ruisseau de Saint-Cyr.

Serazereux, 417 h., c. de Châteauneuf.

Serville, 209 h., c. d'Anet.

Soizé, 756 h., c. d'Authon.

Sorel-Moussel, 966 h., c. d'Anet. ⟶ Église en partie du XIIIe s. — Ruines de la forteresse de Sorel (mon. hist.); joli portail de 1542. — Au

Moussel, jolie chapelle de Saint-Roch (élégant clocher), pèlerinage très fréquenté.

Souancé, 914 h., c. de Nogent-le-Rotrou.

Soulaires, 375 h., c. de Maintenon.

Sours, 1,324 h. (avec *Brétigny*), c. (Sud) de Chartres. ⟶ Restes d'une commanderie de Malte.

Tardais, 108 h., c. de Senonches. ⟶ Restes du château de la Tour (xv⁰ s.), converti en ferme.

Terminiers, 1,207 h., c. d'Orgères.

Theuville, 675 h., c. de Voves.

Theuvy-Achères, 229 h., c. de Châteauneuf.

Thieulin (Le), 270 h., c. de la Loupe. ⟶ Château de Lignerolles bien conservé (xvii⁰ s.).

Thimert, 733 h., c. de Châteauneuf. ⟶ Belle église du xvi⁰ s. — Ruines d'un prieuré ; chambre du dernier prieur avec son ancien ameublement ; portraits d'abbés. — Mégalithe.

Thiron, 597 h., ch.-l. de c. de l'arr. de Nogent-le-Rotrou, près d'un étang d'où sort la Thironne.

Thivars, 660 h., c. (Sud) de Chartres. ⟶ Église romane.

Thiville, 618 h., c. de Châteaudun. ⟶ Château de Touchaillon (xviii⁰ s.).

Tillay-le-Péneux, 711 h., c. d'Orgères.

Toury, 1,797 h., c. de Janville. ⟶ Église inachevée (mon. hist.) ; porche remarquable du xiii⁰ s. — Dolmen.

Trancrainville, 334 h., c. de Janville.

Tremblay-le-Vicomte, 548 h., c. de Châteauneuf. ⟶ Château ruiné du xiii⁰ s.

Tréon, 497 h., c. de Dreux.

Trizay-Coutretot-Saint-Serge, 505 h., c. de Nogent-le-Rotrou. ⟶ A la Gadelière, maison du xvi⁰ s. — Château ruiné de Coutretot. — Ancien manoir du Petit-Plessis.

Trizay-lès-Bonneval, 297 h., c. de Bonneval. ⟶ Près du moulin de Fricot, dolmen gigantesque dit Pierre de Beaumont, mon. hist. (la table a 14 mèt. de circonférence).

Umpeau, 402 h., c. d'Auneau. ⟶ Clocher du xii⁰ s.

Unverre, 2,185 h., c. de Brou ⟶ Église : flèche du xvi⁰ s., bien conservée.

Vacheresse-les-Basses, 131 h., c. de Nogent-le-Roi.

Varize, 415 h., c. d'Orgères.

Vaupillon, 514 h., c. de la Loupe. ⟶ L'église est l'ancienne chapelle d'un château dont il ne reste que les fossés et une énorme butte.

Ver-lès-Chartres, 518 h., c. (Sud) de Chartres. ⟶ Pierre mégalithique de Pierre-Pesant.

Vérigny, 298 h., c. de Courville. ⟶ Beau château.

Vernouillet, 584 h., c. de Dreux.

Vert-en-Drouais, 626 h., c. de Dreux. ⟶ Ruines d'une villa romaine. — Pierres mégalithiques.

Viabon, 836 h., c. de Voves.

Vichères, 683 h., c. de Nogent-le-Rotrou. ⟶ Église ; beaux vitraux du xiv⁰ s. — Fontaine pétrifiante de Riartz.

Vierville, 162 h., c. d'Auneau.

Vieuvicq, 538 h., c. de Brou.

Villampuy, 539 h., c. de Châteaudun.

Villars, 216 h., c. de Voves.

Villeau, 348 h., c. de Voves.

Ville-aux-Nonains (La), 225 h., c. de Senonches.

Villebon, 137 h., c. de la Loupe. ⟶ Ancien château (mon. hist.), le plus curieux de la Beauce, bâti par Guillaume d'Estouteville au xv⁰ s. Ce château passa en 1450 dans la famille de Béthune-Sully. Il a subi diverses restaurations, principalement au commencement du xvii⁰ s. Les appartements ont conservé l'aspect et en partie l'ameublement du xvi⁰ s. ; on y remarque surtout : la chambre où mourut Sully en 1641 ; celle d'Henri IV ; la salle des spectacles ; un portrait original du roi ; une statue de Sully ; des tapisseries de haute lisse, et de vastes cheminées.

Villemeux, 1,080 h., c. de Nogent-le-Roi. ⟶ Église Saint-Maurice, fondée en 1059 et agrandie en 1518. — Château de Renancourt (xv⁰ s.). — Ruines d'un prieuré.

Villeneuve-Saint-Nicolas, 207 h., c. de Voves.

Villiers-le-Morhier, 543 h., c. de

Nogent-le-Roi. ⟹ Au Bas-Bourray, magnifique moulin, sur l'Eure.

Villiers-Saint-Orien, 476 h., c. de Bonneval.

Vitray-en-Beauce, 435 h., c. de Bonneval. ⟹ Près de Beauvoir, pierre mégalithique.

Vitray-sous-Brezolles, 190 h., c. de Brezolles. ⟹ Manoir ruiné du xve s.

Voise, 375 h., c. d'Auneau. ⟹ Église du xvie s.

Voves, 1,996 h., ch.-l. de c. de l'arrond. de Chartres. ⟹ Église des xiie et xve s. — Dolmen de la Pierre-Levée.

Yermenonville, 307 h., c. de Maintenon. ⟹ Ancien château de Boigneville, converti en ferme.

Yèvres, 1,712 h., c. de Brou.

Ymeray, 310 h., c. de Maintenon. ⟹ Menhir de Chantecocq (mon. hist.).

Ymonville, 680 h., c. de Voves. ⟹ Pierre mégalithique.

PARIS. — IMPRIMERIE A. LAHURE

9, rue de Fleurus, 9.

EURE-ET-LOIR

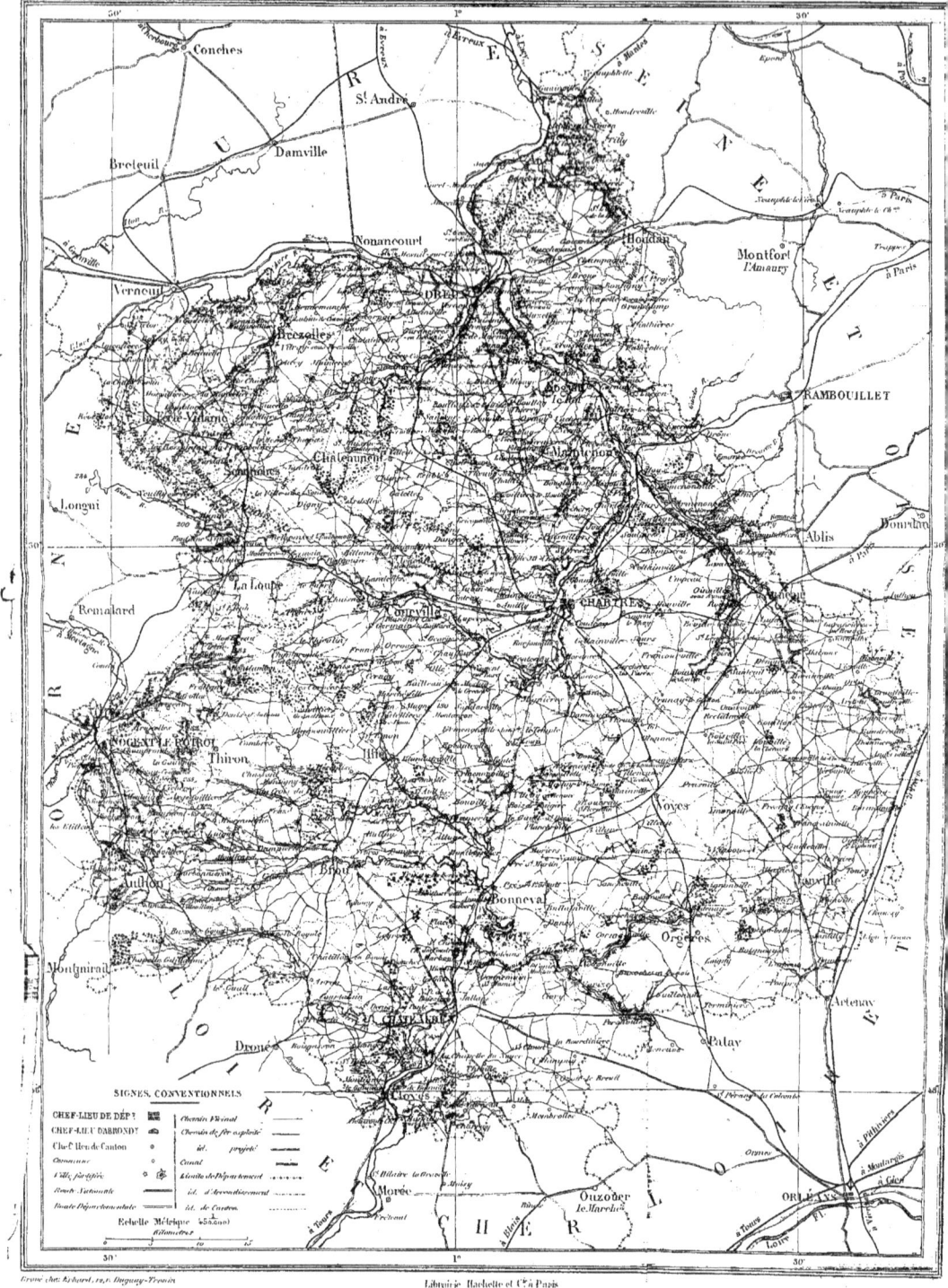

Librairie HACHETTE et Cⁱᵉ, bᵈ Saint Germain, 79, Paris

DICTIONNAIRE

GÉOGRAPHIQUE ET ADMINISTRATIF

DE LA FRANCE

ET DE SES COLONIES

COMPRENANT

1° UNE INTRODUCTION SUR LA FRANCE ;
2° DES NOTICES GÉOGRAPHIQUES, STATISTIQUES, ADMINISTRATIVES, COMMERCIALES,
INDUSTRIELLES, DESCRIPTIVES, HISTORIQUES ET BIOGRAPHIQUES
SUR LES DÉPARTEMENTS, LES COMMUNES ET LES PRINCIPAUX HAMEAUX ;
3° DES NOTICES DÉTAILLÉES SUR LES ANCIENNES PROVINCES, LES RÉGIONS PARTICULIÈRES,
LES MONTAGNES, LES BOIS ET FORÊTS, LES MINES,
LES FLEUVES, LES RIVIÈRES, TORRENTS ET LACS, LES EAUX MINÉRALES, LES CANAUX,
LES GOLFES, BAIES ET PORTS, DÉTROITS, ILES ET ILOTS, CAPS, PHARES, ETC.;
ET SUR LES CURIOSITÉS NATURELLES ET HISTORIQUES ;
4° DES ARTICLES GÉNÉRAUX ET SPÉCIAUX POUR L'ALGÉRIE ET LES COLONIES,

Avec gravures, plans et cartes dans le texte et la carte de
chaque département tirée en couleur hors texte.

PUBLIÉ SOUS LA DIRECTION DE

PAUL JOANNE

Avec la collaboration de :

MM. H. BOLAND, M. BOULE, FABRE, J. GUILLAUME, Dʳ LE PILEUR,
Théodore NICOLAS, Paul PELET, Élie RECLUS, Élisée RECLUS, Onésime RECLUS
Anthyme SAINT-PAUL, Franz SCHRADER, Victor TURQUAN, ETC., ETC.

Les CINQUANTE-QUATRE premières livraisons contiennent
les lettres A, B, C, D, E, et une partie de la lettre
F (F-FILL).

CONDITIONS ET MODE DE LA PUBLICATION

Il paraîtra environ douze livraisons par an, depuis le mois de juin 1888.
Chaque livraison, protégée par une couverture, contient : soit 32 pages de
texte (96 colonnes, représentant la valeur d'un volume in-16 de 300 pages);
soit 24 pages de texte et une carte en couleur, soit 16 pages de texte et
2 cartes en couleur. Le prix de chaque livraison est de UN FRANC ;
1 fr. 10 par la poste

IMPRIMERIE A. LAHORE, RUE DE FLEURUS, 9, A PARIS.

www.ingramcontent.com/pod-product-compliance
Lightning Source LLC
LaVergne TN
LVHW051457090426
835512LV00010B/2195